AF460984

EXTRAIT DES REGLEMENS

Qui ordonnent la consignation

DES AMENDES,

ET LE RECOUVREMENT De celles de Fol-Apel, Inscription de Faux &c. adjugées au Roy, dans toutes les Cours & Jurisdictions du Royaume,

ET DES AMENDES ARBITRAIRES en Matiere civile & criminelle, avec les Injonctions aux Juges & les obligations des Greffiers & Procureurs pour l'Execution desdits Reglemens.

Et une Table des Matieres.

Octobre 1735.

A PARIS,

Chez PIERRE PRAULT, Imprimeur des Fermes & Droits du Roy, Quay de Gévres, au Paradis.

M. DCC. XXXV.

TABLE DES MATIERES.

FIXATION *de la Consignation des Amendes en cas d'Apel aux Cours Superieures, Presidiaux & autres Jurisdictions*, page, ... 3

QUOYQU'UNE *Partie interjette plusieurs Apellations dans une même Instance, elle n'est tenuë que d'une Consignation d'amende*, page 4

SI *l'Apellant & l'Intimé sont Apellans respectivement d'une même Sentence, ils sont tenus de consigner chacun une Amende*, page 3

FIXATION *des Amendes pour Apellations aux Requestes de l'Hostel*, page 5

FIXATION *des Amendes contre les tiers-Opposans dans les Parlemens & Presidiaux*, ... idem.

LES *Arrests & Jugemens en dernier Ressort ne pourront estre retractez que par Lettres en forme de Requeste civile*, page 6

FIXATION *des Amendes des Requestes civiles dans les Parlemens, Requestes de l'Hostel & du Palais & dans les Presidiaux & autres Justices*, page . . . . idem.

FIXATION *de l'Amende contre un non-privilegié, qui assigne d'un de Privilege*, page . . . . . idem.

INSCRIPTIONS *de Faux au Conseil Privé, Parlemens, Cours des Aydes, Grand Conseil, Presidiaux, Elections, Consuls & autres Jurisdictions ressortissantes immediatement ès Cours*, page 9

REGLEMENT *concernant la Procedure du Conseil Privé*, p. 11

EN *cas d'Acquiescement sur une Inscription de Faux, l'Amende est acquise au Roy*, ... idem.

COUR *des Aydes & Elections*, ... idem

FIXATION *des Amendes dans toutes les Cours & Jurisdictions du Royaume*, page 12

APELS *comme d'Abus*, page 14

POLICE, ... idem.

AMENDES *des Elections pour le fait de l'Imposition des Tailles*, 14.

AMENDES *en Matiere criminelle*, page . . . 15.

AMENDES *des Manufactures*, ... idem

TABLE DE MARBRE, ... idem

EAUX ET FORESTS, ... idem

AMENDES *d'Evocation au Conseil Privé*, idem

EN *cas de Desistement d'Evocation, l'Amende est acquise*, pag. 16

POUVOIR *aux Cours de condamner les Evoquans qui se desisteront de leur Evocation en l'Amende*, page . . 17.

CASSATIONS *d'Arrests, Amendes, Conseil Privé*, pag. 17.

DEFFENSES *aux Huissiers & Sergens au sujet des Significations de Cedulès Evocatoires, Deffenses aux Avocats ès Conseils, leurs Obligations, celles des Greffiers du Conseil, & quotité des Amendes dans tous les cas des Instances qui se portent aux Conseils du Roy*, page . . . . . . 19.

CONSIGNATIONS *d'Amende pour Requeste en cassation*, pag. 22.

SI *les Amendes de Fol Apel apartiennent au Roy en cas de peremption d'Instance, desertion d'Apel, &c.* page . 23.

SI *les Amendes en cas de desistement de Requeste civile, sont dûës au Roy, Deffenses aux Notaires de dresser aucuns Actes de desistement, & aux Procureurs de signer aucuns Arrests en consequence*, page . . . . 24.

DE *quelque maniere que les Juges prononcent sur les Requestes civiles, Inscriptions de Faux & Oppositions, lorsque les Poursuivans y succombent, les Amendes sont acquises au Roy*, p. 25.

INJONCTIONS *aux Cours, & Deffenses aux Greffiers sur le Fol Apel, & les Requestes civiles*, ... idem.

DEFFENSES *aux Juges de faire aucune application des Amendes*, page . . . . 28.

OBLIGATION *des Apellans de consigner & donner Copies des Quittances de Consignation, & les Greffiers responsables des Amendes*, page 32

DEFFENSES *aux Procureurs*, ... idem.

OBLIGATION *des Procureurs pour la facilité du Recouvrement des Amendes*, page . . . . . . 33.

OBLIGATION *des Greffiers à la même fin*, page 34

FACULTE' *à l'Intimé de consigner pour l'Apellant*, page 36.

PEINES *prononcées contre les Procureurs & Greffiers*, idem.

PREFERENCE *& Privilege des Amendes*, idem.

OBLIGATIONS *des Greffiers des Geolles & Conciergeries en cas de Consignations d'Amende en leurs mains*, page 38.

OBLIGATION *du Fermier du Domaine de porter le fonds des Amendes Consignées au Tresor Royal*, page . . 39.

A QUI *appartiennent les Amendes consignées entre les mains d'un Fermier remises à son successeur*, page . . . . 40.

REGISTRES *des Receveurs des Amendes*, page . 41.

A QUI *appartiennent les Amendes prononcées par Messieurs les Commissaires du Conseil*, page . . . . . 42.

A QUI *appartiennent les Amendes de Police*, . idem.

POLICE, *Amendes concernant les Jeux*, . . idem.

ORDONNANCE *de Monsieur le Lieutenant de Police concernant les Jeux*, page . . . . . . 43.

A QUI *appartiennent les 10. sols cy-devant attribués aux Offices de Controlleurs-Receveurs, &c. des Amendes qui sont adjugées au Roy*. . . . . idem.

FIXATION DE LA CONSIGNATION

Des Amendes, en cas d'Appel aux Cours Superieures, Presidiaux & autres Jurisdictions.

Edit du mois d'Aoust 1669.

ORDONNE qu'aucun ne puisse estre reçû Apellant qu'il n'ait consigné l'Amende de 12. livres dans les Cours de Parlement ; 6. livres és Presidiaux dans les cas où ils jugent presidialement & en dernier Ressort.

Sans neantmoins qu'une même Partie soit tenuë de consigner plus qu'une Amende, encore qu'elle interjette plusieurs Appellations.

Mais si les Parties sont respectivement Apellantes, l'une & l'autre seront tenuës de consigner chacun une Amende, & de faire signifier au domicile de leurs Procureurs, & donner Copie de la Quittance du Receveur des Amendes avant qu'ils puissent estre reçûs à faire aucune Procedure sur l'Apel, & que jusqu'à ce, toute Audience leur soit déniée.

Declaration du 21. Mars 1671.

ORDONNE que toutes les Amendes qui seront consignées

pour les Apellations qui seront relevées és Cours de Parlement, & autres Cours Superieures, ne pourront estre moindres que de 12. livres, soit que les Apellations soient verbales, ou par Ecrit, & qu'elles soient interjettées des Sentences des Juges Subalternes & de Pairie, Sentences Arbitrales, Ordonnances de Police, & autres Apellations de quelques Juges & Justices que ce puisse être; Et de 6. livres pour les Apellations qui seront relevées aux Juges Presidiaux ès cas esquels ils jugent presidialement & en dernier Ressort, sans qu'une même partie soit tenuë de consigner plus qu'une amende de 12. livres ou de 6. livres, encore que par la suite de l'affaire elle interjettât d'autres Apellations incidentes.

Ordonne que les Consignations seront faites és mains du Fermier des Domaines du Roy, ou ses Commis à la Recette desdites Amendes, qui s'en chargeront comme dépositaires, sans aucuns droits ni frais, pour aprés le Jugement des Apellations être lesdites Amendes renduës & délivrées, aussi sans frais, à qui il apartiendra.

Edit du mois de Fevrier 1691.

Conformement à l'Edit du mois d'Aoust 1669. & Declaration du 21. Mars 1671. Ordonne que les Consignations d'Amende seront, Sçavoir,

Pour les Apellations relevées és Cours de parlement & autres Cours - - - - - - - - 12 liv.

Aux Siéges presidiaux de - - - - - - 6

Et aux autres Siéges où se relevent des Apellations d'autres Justices inferieures de - - - - - 3

Arrest du premier May 1691.

Fixe les Amendes dans les parlemens & autres Cours Superieures, aux Requêtes de l'Hôtel & du palais, pour chacune Apellation, à - - - 12 liv.

Dans les presidiaux & autres Justices ressortissantes immédiatement aux Cours Superieures - 6 liv.

Et dans les autres Justices pour chacune Apellation. 3

FIXATION DES AMENDES
Pour Apellations aux Requestes de l'Hôtel.

Reglement du trois Janvier 1673.

ART. 82.

AUCUNE Apellation ne sera reçûë, que l'Apellant n'ait consigné l'Amende de 12. livres conformément à l'Edit du mois d'Août 1669.

ART. 83.

LES Apellans qui succomberont en leurs Apellations en quelque maniere que la prononciation soit conçûë, seront condamnez en l'Amende de 75. livres, ou du moins en celle de 12. livres, au cas que pour de bonnes considerations les Maîtres des Requêtes jugeassent qu'il y eût lieu de la moderer, sans que l'amende de 12. livres puisse être remise ni moderée en aucun cas.

FIXATION DES AMENDES
Contre les tiers Opposans dans les Parlemens & Presidiaux.

Ordonnance du mois d'Avril 1667.

TITRE XXVII. DE L'EXECUTION DES JUGEMENS.

ART. 10.

LES tiers Opposans à l'execution des Arrests qui auront esté deboutez de leurs Oppositions, seront condamnez en 150. livres d'amende.

Et ceux qui seront déboutez des Oppositions à l'execution des Sentences en 75. livres, le tout applicable moitié envers le Roy, & moitié envers la partie.

Declaration du 21. Mars 1671.

ENJOINT à toutes les Cours & Juges inferieurs de condamner en l'Amende les Opposans & tiers Opposans qui seront deboutez de leurs Oppositions suivant & conformément à l'Ordonnance du mois d'Avril 1667.

CONSEIL PRIVE'.

PAR Arrest du mois d'Août 1684. les Amendes des tiers Opposans sont fixées à 200. livres envers le Roy, & 100. livres envers la partie.

FIXATION DE L'AMENDE

Contre un non-privilegié qui assigne devant un Juge de Privilege.

Ordonnance du mois d'Aoust 1669.

TITRE IV. DES COMMITTIMUS, ART. 32.

SI celuy qui n'est point privilegié fait assigner ou renvoyer une cause pardevant des Juges de Privileges, il sera condamné par le Jugement ou Arrest qui interviendra sur le Declinatoire en 75. livres d'amende aplicable, moitié au Roy, moitié à la partie qui sera acquise de plein droit, dont il sera délivré Executoire au Greffe, encore que par obmission ou autrement elle n'eût point esté adjugée par le Jugement ou Arrest.

REQUESTES CIVILES.

FIXATION DES AMENDES

Dans les Parlemens, Requêtes de l'Hôtel, & du Palais, & dans les Presidiaux & autres Justices.

Ordonnance du mois d'Avril 1667.

TITRES DES REQUESTES CIVILES, ART. Ier

LES Arrests & Jugemens en dernier Ressort ne pourront estre retractez que par Lettres en forme de Requeste civile, à l'égard de ceux qui auront esté parties ou dûëment apel.

lez, ou de leurs heritiers, successeurs ou ayans cause.

Même Ordonnance.

MESME TITRE, ART. 16.

LES Impetrans de Lettres en forme de Requeste civile contre des Arrests contradictoires, soit qu'ils soient préparatoires ou diffinitifs, seront tenus en representant leur Requête afin d'Enterrinement, de consigner la somme de 300. livres pour l'Amende envers le Roy, & *cent cinquante livres* d'autre part, pour celle envers la partie, si les Arrests sont par défaut, sera seulement consigné la somme de 150. livres pour l'Amende envers le Roy, & 75. livres pour celle envers la partie, lesquelles sommes seront reçûës par le Receveur des Amendes, qui s'en chargera comme dépositaire, sans droits ni frais, & sans qu'il puisse les employer en recette, qu'elles n'ayent esté diffinitivement adjugées, pour estre aprés le Jugement des Requêtes civiles renduës & délivrées, aussi sans frais à qui il apartiendra.

Même Ordonnance.

MESME TITRE, ART. 39.

SI les ouvertures des Requestes civiles ne sont jugées suffisantes, le Demandeur sera condamné aux dépens & en l'Amende de 300. livres envers le Roy, & 150. livres envers les parties. Si l'Arrest contre lequel la Requeste civile aura esté prise est contradictoire, soit qu'il soit préparatoire ou diffinitif; Et en 150. livres envers le Roy, & en 75. livres envers la partie, s'il est par défaut, sans que les Amendes puissent estre remises ni moderées.

Declaration du 21. Avril 1671.

ORDONNE que l'Article premier du Titre des Requestes civiles de l'Ordonnance du mois d'Avril 1667. soit executé & conformément à iceluy, que les Arrests & Jugemens en dernier ressort, ne pourront estre retractez que par Lettres en forme de Requeste civile, à l'égard de ceux qui auront esté parties ou dûëment apellez, & de leurs heritiers, successeurs ou ayans cause; Fait défenses aux parties de se pourvoir contre lesdits Arrests par Requeste afin d'interpretation d'iceux ni autrement que par Requeste civile, à peine de 500. livres d'Amende, qui ne pourra estre remise ni moderée, & à toutes Cours de retracter lesdits Arrests & d'en changer les dispositions par maniere d'interpretation ou autre voye, à peine d'en répondre par les Presidens & Raporteurs en leurs noms.

Declaration du 21. Mars 1671.

ORDONNE que tous Demandeurs en Requeste civile, soit qu'ils ayent esté parties dans les Arrests contre lesquels les Requestes civiles seront obtenuës ou non, seront tenus de consigner 450. livres; Sçavoir, pour le Roy 300. livres, & 150. livres pour la partie, & pour les Arrests donnez par défaut ou forclusion celle de 225. livres; Sçavoir, 150. livres pour le Roy, & 75. livres pour la partie,

Lesquelles sommes seront reçûës par le Fermier des Domaines du Roy, ou ses Commis à la Recette desdites Amendes qui s'en chargeront, comme dépositaires, sans aucuns droits ni frais, pour aprés le Jugement des Requestes civiles estre lesdites Amendes renduës & délivrées, aussi sans frais, à qui il appartiendra.

Edit du mois de Fevrier 1691.

ORDONNE que les Consignations d'Amende pour les Requestes civiles prises contre des Arrests contradictoires, seront de 450. livres, & celles prises contre des Arrests par défaut ou par forclusion de 225. livres.

Arrest du premier May 1691.

FIXE les Consignations d'Amende dans les Parlemens & aux Cours Superieures, aux Requestes de l'Hôtel & du Palais pour Requeste civile sur un Arrest contradictoire à 450. livres, sur un Arrest par défaut ou forclusion 225. livres.

INSCRIPTIONS

INSCRIPTIONS DE FAUX.

Conseil Privé, Parlemens, Grand Conseil, Presidiaux, Consuls & autres Jurisdictions Ressortissantes immediatement és Cours.

Ordonnance du mois d'Aoust 1670.

TITRE DES INSCRIPTIONS DE FAUX, ART. 5.

LE Demandeur en Inscription de Faux, sera tenu de consigner & d'en attacher l'Acte à sa Requeste, Sçavoir és Cours la somme de 100. livres, aux Sieges qui y ressortissent immediatement 60. livres, & aux autres 20. livres, lesquelles sommes seront delivrées à qui le Juge ordonnera par le Receveur des Amendes, s'il y en a, sinon par les Greffiers des Jurisdictons qui s'en chargeront comme dépositaires, sans droits ni frais, & sans qu'ils puissent les employer en Recette, ni s'en desaisir, qu'elles n'ayent esté diffinitivement adjugées, pour estre aprés le Jugement de l'Inscription de Faux renduë ou delivrée, aussi sans frais, à qui il appartiendra.

Même Ordonance.

MESME TITRE, ART. 17.

LE Demandeur en Faux qui succombera, sera condamné en 300. livres d'amende és Cours, 120. livres aux Sieges qui y ressortissent immediatement; & aux autres 60. livres applicables, les deux tiers au Roy ou aux Seigneurs à qui il appartiendra, & l'autre à la partie, sur lesquelles seront déduites les sommes consignées, & pourront les Juges condamner en plus grande Amende, s'il y échoit.

NOTA Observer que ce n'est point la qualité du siége ou jurisdiction dans laquelle le Demandeur en Faux succombe qui détermine la quotité de l'Amende, mais celle où l'Inscription de Faux a esté originairement formée.

Il a esté ainsi jugé par Arrest du Parlement de Paris du douze Mars mil sept cens quatre. Mais cet Arrest n'a point d'aplication ni d'execution dans les Cours des Aydes & Elections où les amendes sont differentes, pour raison desquelles il y a des Reglemens particuliers ci-aprés.

Declaration du 21. Mars 1671.

NOTA. Observer qu'il est permis à Messieurs du Parlement de Paris par Declaration du 31. Janvier 1683. d'obliger ceux qui forment une inscription de Faux, depuis le 15. Juillet jusqu'à la fin du Parlement dans la vûë de retarder le Jugement de leurs Procez de consigner une plus grande somme telle qu'ils jugeront à propos.

La même permission a lieu au Parlement de Bretagne pour les Inscriptions de Faux formées depuis le 8. Juin pour le Semestre d'Esté, & depuis le 8. Decembre pour le Semestre d'Hyver

ORDONNE à l'égard des Inscriptions de faux que la Consignation sera de 100. livres, ou plus grande, s'il y écheoit ès Causes, Procez & Instances qui seront pendantes ès Cours de Parlement, Grand Conseil, Cour des Aydes, Requestes de l'Hôtel & du Palais; de 60. livres aux Presidiaux & autres Justices ressortissantes immediatement és Cours, & de 20. livres dans les autres Justices, le tout auparavant que les Demandeurs en Inscription de Faux puissent estre reçûs, lesquelles sommes seront reçûes par le Fermier des Domaines, ou ses Commis à la Recette desdites Amendes, qui s'en chargeront comme dépositaires, sans droits ni frais, pour aprés le Jugement des Inscription de Faux estre lesdites Amendes renduës & délivrées aussi sans frais à qui il appartiendra.

Même Declaration du 21. Mars 1671.

NOTA. Cet article ne change rien à la disposition de l'Art. 17. de l'Ordonnance de 1670 l'Amende de 300. livres doit estre payée, Sçavoir, deux tiers aux Roy, & un tiers à la Partie.

NOTA. En cas d'acquiescement sur l'Inscription de Faux l'Amende est acquise au Roy.

ORDONNE que de quelque maniere qu'il soit prononcé, quand les Poursuivans Inscription de Faux succomberont, soit par debouté sans avoir égard, sans s'arrester, ou hors de Cour, même en cas d'acquiescement l'Amende sera acquise au Roy, sans que les Cours & Juges en puissent ordonner la remise ni moderation.

Edit du mois de Fevrier 1691.

ORDONNE que les Consignations d'Amende sur les Inscriptions de Faux, seront dans les Parlemens, Requestes de l'Hôtel & du Palais de 100. livres, aux Presidiaux & autres Justices ressortissantes immediatement es Cours de Parlement de 60. livres.

Et dans les autres Justices de 20. livres.

Arrest du premier May 1691.

FIXE les Consignations d'Amendes sur les Inscriptions de Faux comme cy-dessus.

CONSEIL PRIVE'.

REGLEMENT CONCERNANT la Procedure du Conseil.

Du dix-septiéme Juin 1687.

DES INSCRIPTIONS DE FAUX, ART. 117.

LA procedure prescrite par l'Ordonnance de 1670. au Titre IX. pour l'Instruction du Faux principal ou Incident; sera observé au Conseil.

COUR DES AYDDES, ET ELECTIONS

Declarations des 14. Janvier 1693. 14. Avril 1697. 7. Octobre 1713. 18. Decembre 1714.

NUL ne sera reçû à Inscription de Faux sur les procez verbaux des Commis à l'Exercice des Aydes qu'il n'ait prealablement esté consigné, dans les Elections 60. livres, & aux Cours des Aydes 100. livres.

Plusieurs Cabaretiers ont prétendu qu'ils n'estoient tenus que d'une Consignation d'amende d'Inscription de Faux sur plusieurs procez verbaux, mais dautant qu'en matiere de crime tout est personnel, & que chacun doit entrer dans sa justification.

NOTA. Multiplicité des Amendes sur l'Inscription de Faux formées sur plusieurs Piéces.

Par Arrest du premier May 1676.

Il a esté Ordonné que chacun des Inscrivans en Faux contre les procez verbaux dont estoit question, consignera une Amende en son particulier, nonobstant une Sentence des Elûs d'Amiens, que le Roy a cassée & annulée, & ce qui a esté fait en consequence pour ce regard seulement; Fait defenses ausdits Elûs & à tous autres Juges de contrevenir à l'Ordonnance, à peine d'interdiction, cinq cens livres d'amende, dépens, dommages & interests.

RECUSATIONS.

FIXATION DES AMENDES.

Parlemens - - Grand Conseil - - - - Et autres Cours -	200. livres.
Requeste de l'Hôtel & du Palais -	100. livres.
Presidiaux - - - - - - Baillages - - - - - Senechaussées - - -	50. livres.
Chastellenies - - - - Prevostez - - - - - - - Vicomtez - - - - - Elections - - - - - - - Greniers à Sel - - - - Et Justices des Seigneurs, tant Duchez Pairies, qu'autres ressortissantes aux Cours.	35. livres.
Et autres Justices des Seigneurs -	25. livres.

Ordonnance du mois d'Avril 1667.

TITRE DES RECUSATIONS, ART. 29.

CELUY dont les Recusations auront esté declarées impertinentes & inadmissibles, ou qui en aura esté debouté faute de preuve, sera condamné en 200. livres d'amende és Cours de Parlement, Grand Conseil & autres Cours, 100. livres aux Requestes de l'Hôtel & du Palais, 50. livres aux Presidiaux, Baillages, Senechaussées, 35. livres és Chastellenies du Roy, Prevostez, Vicomtez, Elections, Greniers à Sel, & aux Justices des Seigneurs, tant des Duchez Pairies, qu'autres ressortissantes nûment és Cours & 25. livres aux autres Justices des Seigneurs, le tout applicable, Sçavoir, moitié au Roy, ou aux Seigneurs dans leur Justice, l'autre moitié à la partie, sans que les amendes puissent estre remises ni moderées.

CONSEIL PRIVE'.

Reglement du trois Janvier 1673.

ART. 73.

Le Roy adjoutant au 29e Art. du Titre des Recusations de l'Ordonnance du mois d'Avril 1667. Ordonne qu'aucun ne puisse estre reçû à presenter Requeste au Conseil pour recuser l'un des Juges, qu'il n'ait consigné la somme de 200. livres pour l'amende, qui sera aussi reçuë par le Fermier General des Domaines de Sa Majesté, sans droits ni frais, & sans qu'il puisse les employer en recette qu'elles n'ayent esté diffinitivement adjugées, pour estre, aprés le Jugement des Recusations, renduës & délivrées aussi sans frais à qui il appartiendra.

ART. 74.

La Quittance du Fermier du Domaine ou de ses Commis & Préposez, sera attachée à la Requeste de Recusation.

ART. 75.

Celuy dont les Recusations n'auront point esté admises en quelque maniere, & en quelques termes que la prononciation soit conçûë (si le Juge qui avoit esté recusé demeure) sera condamné en 200. livres d'amende applicable moitié au Roy, & l'autre moitié à la Partie, sans qu'en aucun cas & sous quelque prétexte que ce soit, l'amende puisse estre remise ni moderée.

APPELS COMME D'ABUS,

Declaration du mois d'Avril 1695.

CONCERNANT LA JURISDICTION ECCLESIASTIQUE.

ART. 37.

ORDONNE que les Cours en jugeant les Appellations comme d'abus, prononceront qu'il n'y a d'abus, & condamneront en ce cas les Apellans en 75. livres d'amende, lesquelles ne pourront être moderées, & diront qu'il a esté mal nullement & abusivement procedé, statué & ordonné en ce cas

POLICE.

LES Condamnations d'amende de Police sont arbitraires.

Suivant l'Edit du mois de Novembre 1699. portant, entre autres choses, Creation des Offices de Commissaires de Police dans les principales Villes du Royaume, le quart des amendes qui sont adjugées au profit du Roy, est attribué ausdits Commissaires de Police.

Ainsi il n'appartient au Fermier que trois quarts desdites amendes dans les Villes où lesdits Offices de Commissaires ont esté levez en consequence de cet Edit.

Les Amendes prononcées contre les Contrevenans aux Ordonnances du Roy pour la Defense des Jeux appartiennent au Roy pour un tiers.

Voir cy-après à la fin du present Extrait.

NOTA. Il est arrivé que quelques Fermiers des Domaines ont accordé des Remises aux Officiers de Police sur les Amendes qu'ils prononceroient. Ces Conventions paroissans abusives, en ce que les Officiers s'attachans à leur interest, prononcent des Amendes qui sont plus fortes que les Contraventions aux Ordonnances de Police.

ELECTIONS.

AMENDES POUR LE FAIT DE L'IMPOSITION DES TAILLES.

Arrest du 23. Septembre 1681. en forme de Reglement.

ART. 2.

LES Actes de Nomination de Collecteurs seront portez

aux Greffes des Elections par les Syndics ou Marguilliers dans les Paroisses dans le dernier jour d'Octobre, à peine de 10. livres d'amende payable par lesdits Syndics

Même Reglement.

ART. 9.

Les Collecteurs seront tenus de proceder à la confection des Rolles dans la quinzaine du jour de la Reception du Mandement pour l'Imposition de la Taille, à peine de 200. livres d'amende.

AMENDES EN MATIERE CRIMINELLE.

Les Amendes en Matiere criminelle sont arbitraires par raport aux crimes de délits, elles appartiennent en entier au Roy, & le Fermier doit en joüir sans aucune réduction, remise ni moderation.

MANUFACTURES.

Les Amendes pour les Contraventions aux Ordonnances & Reglemens sur le Fait des Manufactures sont arbitraires, & se reglent suivant les Statuts des Corps & Communautez des Marchands fabriquans.

TABLE DE MARBRE.

Par Arrest du 14. May 1715. le Roy a distrait les Amendes des Tables de Marbre du Bail General des Domaines.

Quelques Fermiers ont usé pour les Amendes de manufactures comme pour celles de Police.

EAUX ET FORESTS.

Par le même Arrest le Roy a fait la même distraction.

CONSEIL PRIVÉ.

EVOCATIONS.

Ordonnance du mois d'Aoust 1669.

TITRE I. DES EVOCATIONS, ART. 35.

L'Evoquant qui succombera, sera condamné en 300.

livres d'amende, moitié envers le Roy, & moitié envers la partie, & celuy qui se desistera de son Evocation sans qu'il soit de nouveau survenu aucunes des causes portées par l'Art. 14. de ce Titre, sera condamné en 300. livres d'amende, moitié envers le Roy, & moitié envers la partie, & l'une & l'autre en tous les dépens qui seront taxez en cas de desistement par les Juges où le Procés sera pendant, qui passeront outre à l'Instruction & Jugement du Procés, sans qu'il soit besoin d'aucunes Lettres ni Arrests de nouvelle attribution.

Reglement pour le Conseil du 23. Janvier 1673.

ART. 70.

LE ROY adjoûtant aux précautions portées par le Titre des Evocations de l'Ordonnance du mois d'Aoust 1669. Ordonne qu'auparavant qu'aucun puisse faire signifier une Cedule évocatoire sur parentez & alliances, ou presenter Requeste au Conseil pour évoquer à cause du fait propre d'aucuns Officiers des Parlemens ou autres Cours superieures, il soit tenu de consigner la somme de 300. livres pour l'amende envers Sa Majesté, & 150. livres pour celle envers la partie, lesquelles sommes seront reçûës par le Fermier General des Domaines de Sa Majesté, ou celuy qui sera par luy commis & préposé qui s'en chargera comme dépositaire sans droits ni frais & sans qu'il puisse les employer en recettes qu'elles n'ayent esté diffinitivement adjugées, pour estre aprés le Jugement des Evocations renduës & delivrées aussi sans frais, à qui il appartiendra.

ART. 71.

L'EVOQUANT qui succombera en quelque maniere & en quelques termes que la prononciation soit conçûë, pourvû que l'affaire dont on aura demandé l'Evocation ne soit point évoquée, sera condamné en 300. livres d'amende envers Sa Majesté, & 150. livres envers la Partie sans que sous quelque prétexte que ce soit elles puissent estre remises ni moderées.

Reglement

Reglement du 17. Juin 1687.

TITRE 3. ART. 34

L'EVOQUANT qui succombera, sera condamné en 300. livres d'amende envers le Roy, & en 150. livres envers la partie.

Declaration de Septembre 1683.

DONNE plein pouvoir aux Cours de condamner les Evoquans qui se desisteront de leur Evocation en l'amende de 300. livres portée par l'Art. 35. de l'Ordonnance du mois d'Aoust 1669. & aux dépens, à moins que le desistement ne soit causé par le decés ou resignation de quelque Officier de ceux qui ont esté cottez dans la Cédule évocatoire & dont l'interest aura cessé.

CONSEIL PRIVÉ.

CASSATION D'ARRESTS.

Reglement du Conseil du 23. Janvier 1673.

ART. 62.

CE qui a esté ordonné par l'Art. 16. du Titre des Requêtes civiles de l'Ordonnance du mois d'Avril 1667. sera observé pour les Requêtes en cassation, & ce faisant, seront tenus ceux qui se pourvoiront au Conseil en Cassation des Arrests & Jugemens contradictoires, tant du Conseil, que des Cours & Juges en dernier ressort, soit qu'ils soient preparatoires ou diffinitifs en presentant leur Requête afin de cassation, de consigner la somme de 300. livres pour l'amende envers le Roy, & 150. livres pour celle envers la partie, & si les Arrests & Jugemens en dernier ressort sont par defaut ou congé, sera seulement consigné la somme de 150. livres pour l'amende envers Sa Majesté, & 75. livres pour celle envers la partie, lesquelles sommes seront reçûës par le Fermier General du Domaine ou celuy qui sera par luy commis & préposé, qui s'en chargera comme depositaire, sans droits ni frais & sans qu'il puisse les employer en Recette, qu'elles n'ayent esté diffinitivement adjugées, pour estre aprés le Jugement des Requêtes en cassation renduës & délivrées, aussi sans frais, à qui il appartiendra.

ART. 63.

POURRONT neantmoins ceux qui n'auront esté parties ou dûëment appellez, s'opposer à l'execution des Arrests ou en demander la cassation sans estre tenus de consigner aucune amende, mais s'ils succombent en leur Requeste, en quelque maniere que la prononciation soit conçûë, ils seront condamnez en 200. livres d'amende envers le Roy, & 100. livres envers la partie, sans que les amendes puissent estre remises ni moderées.

ART. 68.

SI les Moyens de cassation ne sont pas jugez suffisans & que l'Arrest contre lequel on s'est pourvû subsiste, en quelque maniere que la prononciation soit conçûë, le Demandeur en cassation sera condamné en 300. livres d'amende envers le Roy, & 150. liv. envers la Partie, si l'Arrest contre lequel la Requeste aura esté presentée est contradictoire, soit qu'il soit préparatoire ou diffinitif, & en 150. livres envers Sa Majesté, & 75. livres envers la partie, s'il est par congé ou par défaut soit de comparoir ou de produire, sans que les amendes puissent estre remises ni moderées.

Reglement du Conseil du 17. Juin 1687.

TITRE DES REQUESTES EN CASSATION, ART. 44

LE Demandeur en cassation d'Arrest contradictoire du Conseil ou des Cours & Juges en dernier ressort, qui succombera, sera condamné en 300. livres d'amende envers le Roy, & en 150. livres envers la partie, & si l'Arrest ou Jugement est en dernier ressort, dont la cassation est demandée & par défaut ou par forclusion, le Demandeur qui succombera sera condamné seulement en 150. livres d'amende envers le Roy, & 75. livres envers la Partie.

CONSEIL PRIVE'.

DEFFENSES *aux Huissiers, Sergens & Archers au sujet des Significations de Cédules évocatoires, & autres Deffenses aux Avocats ès Conseils.*

Leurs Obligations & celles des Greffiers du Conseil.

Et quotité des Amendes dans tous les cas des Instances qui se portent aux Conseils du Roy.

Reglement du trois Janvier 1673.

ART. 71.

FAIT Deffenses sur peine de 100. livres d'amende à tous Huissiers, Sergens, Archers & autres ayant droit d'exploiter, de signifier aucune Cédule évocatoire, à laquelle ne soit attachée Copie de la Quittance du Fermier du Domaine ou de ses Commis & Préposez, & à tous Avocats du Conseil de signer aucune Requeste pour évoquer à cause du fait propre des Juges, si la Quittance du Fermier du Domaine n'y est pareillement attachée.

Observer que ces Deffenses ne subsistent plus au moïen des Reglemens ci-après

Arrest du 22. Avril 1673.

FAIT Deffenses aux Avocats du Conseil de signer aucune Requeste tendante à cassation d'Arrests & Jugemens, tant du Conseil que des Juges en dernier ressort, Evocations ou Recusations pour quelques personnes que ce soit, que les amendes portées par ledit Reglement du trois Janvier 1673. n'ayent esté actuellement consignées entre les mains du Fermier General des Domaines ou son Préposé, dont ils seront tenus d'attacher les Quittances avec lesdites Requestes à peine de 100. livres d'amende pour chacune contravention, & de répondre en leurs noms des sommes qui doivent estre consignées, & Ordonne que ledit Arrest sera signifié aux Syndics de la Communauté desdits Avocats & à leur diligence estre lû, publié en leur Assemblée, & registré ès Registres de ladite Communauté.

Reglement du 27. Octobre 1674.

ART. 8.

LE ROY décharge les Particuliers qui voudront évoquer, recuser ou se pourvoir en cassation d'Arrests du Conseil & des Cours, des Consignations ordonnées par ledit Reglement du mois de Janvier 1673. ENJOINT Sa Majesté aux Sieurs Maistres des Requestes de l'Hostel qui raporteront des requestes & Instances pour raison de ce, d'employer dans les Dispositifs des Arrests les condamnations desdites amendes au terme des Reglemens contre ceux qui succomberont, & aux Avocats desdits Conseils d'employer dans les requestes & Instances qu'ils instruiront les noms, surnoms, qualitez & demeures de leurs Parties, à peine d'interdiction & du double desdites amendes de consignation, sans que lesdites amendes puissent estre remises ni moderées pour quelque cause & sous quelque prétexte que ce puisse estre.

Arrest du 12. Mars 1683.

ORDONNE qu'il sera tenu deux Registres, l'un au Greffe du Conseil des Finances, l'autre en celuy du Conseil Privé, lesquels seront remis à la fin de chaque Quartier par les Secretaires & Greffiers qui en sortiront ès mains de leurs Confreres qui entreront au Quartier, suivant & ainsi de quartier en quartier successivement, esquels Greffes lesdits registres demeureront déposez, & sur lesquels les Avocats au Conseil seront tenus de cotter & signer les veritables noms, qualitez & domiciles de leurs parties, tant des Demandeurs, que des Deffendeurs ès Instances où il sera question de cassation d'Arrests, Evocations, Recusations, Inscriptions de Faux, secondes requestes, au lieu des requestes refusées & apellations, lesquels domiciles lesdits Secretaires & Greffiers seront pareillement tenus de specifier suivant qu'ils auront esté designez par lesdits Avocats dans les Extraits des amendes adjugées à Sa Majesté, qu'ils sont obligez de délivrer audit Fermier du Domaine, afin qu'il en puisse faire le recouvrement, ainsi qu'il verra bon être. ENJOINT ausdits Secretaires

Greffiers & Avocats de s'y conformer chacun en droit soy, à peine d'en répondre, Ordonne que l'Arrest sera lû en la Communauté des Avocats & registré au Greffe du Conseil.

Ordonnance du mois d'Aoust 1684.

SUR ce que l'Arrest cy-dessus n'a point eu d'execution, & que les sommes que les Condamnez aux Amendes ont dû payer pour icelles, ne sont pas exprimées dans les Dispositifs des Arrests, ce qui fait que le Commis du Fermier ne sçait qu'elles sommes demander.

LE ROY a ordonné que l'Arrest du Conseil du douze Mars 1683. sera executé selon sa forme & teneur, & ce faisant Ordonne qu'és Arrests du Conseil dans lesquels les sommes que les Condamnez aux Amendes seront tenus de payer, ne seront pas exprimées, les Redevables seront contraints au payement desdites Amendes, sur le pied de ce qui est porté par l'Ordonnance.

SCAVOIR,

Les Demandeurs en Cassation d'Arrests contradictoires, envers le Roy - -	300 livres
Envers la Partie, - - - - -	150 livres
Les Demandeurs en Cassation d'Arrests par deffaut, envers le Roy, - - - -	150 livres
Envers la Partie, - - - - - -	75 livres
Les tiers Opposans, envers le Roy, -	200 livres
Envers la Partie, - - - -	100 livres
Les Evoquans, envers le Roy, - -	150 livres
Envers la Partie, - - - - -	150 livres
Les Recusans, envers le Roy, - - -	100 livres
Envers la Partie, - - - - - -	100 livres
Les Apellans pour l'amende ordinaire, -	12 livres
Lorsque les Apellans n'auront pas fourny de Moyens d'Appel, - - - - -	75 livres
Les Demandeurs en Faux, - - - -	100 livres

NOTA. Le Reglement du 17. Juin 1687. renvoye à l'Ordonnance de 1670. au Titre IX. pour l'inscription de Faux, ainsi cette quotité de 100. livres n'a plus lieu, les Amendes du Faux estant reglées à 300. livres par ladite Ordonnance.

Et les Demandeurs en seconde Requeste après la premiere refusée pour le même fait moitié contre les Avocats, & moitié contre les Demandeurs. 300 livres

ORDONNE que l'Arrest soit lû en la Communauté des Avocats du Conseil.

Arrest du trois Septembre 1698.

CONFORMEMENT aux Ordonnances, Reglemens & Arrests rendus pour le Conseil, Ordonne que lorsque les Demandeurs en evocation, Cassation d'Arrest, Inscription de Faux, Opposition & appellation au Conseil, n'obtiendront pas leurs fins & conclusions, ils seront tenus de payer les amendes portées par les Ordonnances & Reglemens, quoyque non-prononcées, à quoy faire ils seront contraints par les voyes accoûtumées, à la reserve toutes fois des Arrests qui interviendront au Conseil portant la clause *(neantmoins sans Amende)* ce qui sera executé.

CONSEIL PRIVÉ.

CONSIGNATION D'AMENDE, REQUESTE EN CASSATION.

Reglement du Conseil du trois Fevrier 1714.

ART. 6.

CEUX qui se pourvoiront en cassation des Arrests & Jugemens contradictoires, tant du Conseil, que des Cours & Juges en dernier ressort, soit qu'ils soient préparatoires ou diffinitifs, soient tenus en presentant leurs Requestes afin de cassation de consigner la somme de 150. livres, & si les Arrests & Jugemens en dernier ressort sont par deffaut ou congé, sera seulement consigné la somme de 75. livres & sera tenu le Demandeur en cassation, de joindre à la Requeste qu'il presentera à l'un des Maistres des Requestes la Quittance desdites amendes de 150. livres & 75. livres, qui seront remises au

Receveur des Amendes du Conseil ou à ses Commis ou Préposez, sans droits ni frais, & en cas que la Requeste soit rejettée, & qu'il y soit mis néant par Arrest, le Demandeur en cassation sera condamné par le même Arrest à ladite somme de 150. livres ou 75. livres par luy consignee qui demeurera acquise à Sa Majesté.

ART. 7.

Si la Requeste en cassation est admise, sera tenu le Demandeur avant que de faire assigner la Partie, de consigner pareille somme de 150. livres, faisant avec la premiere par luy consignée, en presentant la Requeste, la somme de 300. livres pour l'amende envers le Roy, & 150. livres pour celle envers la Partie, en cas que les Arrests & Jugemens dont il demandera la cassation soient contradictoires, & moitié seulement desdites sommes en cas que lesdits Arrests ou Jugemens en dernier ressort soient par deffaut ou congé, lesquelles sommes seront reçûës par le Receveur des Amendes du Conseil ou ses Commis & Préposez qui s'en chargeront comme dépositaires, sans droits ni frais, & sans qu'ils puissent les employer en recette, qu'elles n'ayent esté diffinitivement adjugées pour être aprés le Jugement de l'Instance en cassation renduës & délivrées aussi sans frais à qui il appartiendra, & ne pourront lesdites amendes estre remises que par Deliberation prise en plein Conseil.

AMENDES DE FOL APPEL à qui elles appartiennent en cas de Peremption d'Instance, desertion d'Appel, Accords, Transaction ou autrement.

Edit du mois de Fevrier 1691.

Les Amendes de Fol Appel sont acquises au Roy, soit par condamnation, peremption d'Instance, desertion d'Appel, Accords, Transaction ou autrement.

AMENDE DEUE AU ROY,

En cas de desistement de Requeste civile.

ET DEFFENSES, *aux Notaires de dresser aucuns Actes en desistement.*

Et aux Procureurs de signer aucuns Arrests en consequence.

En 1662. Claude Goujon Sieur de la Touronde ayant obtenu des Lettres en forme de Requeste civile contre plusieurs Arrests, & consigné 450. livres pour estre reçû à proceder sur ladite Requeste civile, & s'y trouvant mal-fondé, auroit passé une Transaction devant Dupuis & le Maistre Notaires au Chastelet de Paris le cinq Septembre 1673 par laquelle il s'est desisté de ses Lettres en forme de Requeste civile, & consenty à l'execution des Arrests contre lesquels elles auroient esté obtenuës, & par un autre Acte du même jour passé devant les mesmes Notaires, les Parties seroient convenuës qu'encore que par ladite transaction il fut porté que ledit Goujon se soit desisté de ses Lettres de Requeste civile, neantmoins sans préjudicier à ladite transaction ny ausdits Arrests qui seroient executez, & pour faciliter seulement audit Goujon le moyen de retirer ladite Amende de 450. livres par luy consignée, il seroit passé Arrest d'Appointé entr'eux qui entherineroit les Lettres.

Par Arrest du sept Mars 1676.

L'ARREST consenty par appointé le sept Septembre 1673 a esté cassé, en consequence a esté Ordonné que ledit Goujon sera contraint au payement de la somme de 300. livres pour l'amende dûë au Roy de ladite Requeste civile dont il s'est desisté par ladite Transaction du cinq Septembre 1673. Fait Sa Majesté deffenses aux Notaires de recevoir & passer de semblables Actes, & aux Procureurs de signer de pareils Arrests par Appointé, à peine de 1000 livres d'amende pour chacune contravention & d'interdiction de leurs Offices, Ordonne que ledit Arrest sera signifié aux Communautez desdits Notaires & Procureurs.

AMENDES

AMENDES DE REQUESTE CIVILE, Inscriptions de Faux, & Oppositions en cas que les Poursuivans y succombent.

Declaration du vingt-un Mars 1671.

ORDONNE que de quelque maniere qu'il soit prononcé, quand les Poursuivans en Requeste civile, Inscriptions de Faux ou Oppositions succomberoient, soit par débouté sans avoir egard, sans s'arrester ou hors de Cours, même en cas d'acquiescement, l'Amende soit acquise au Roy, quand même les Lettres en forme de Requeste civile auroient esté obtenuës avant l'Ordonnance de 1667. sans que les Juges en puissent ordonner la remise ni moderation.

INJONCTIONS AUX COURS
ET DEFFENSES AUX GREFFIERS.
FOL APPEL ET REQUESTE CIVILE.

Declaration du mois de Decembre 1639.

ORDONNE au Parlement de Paris de ne prononcer en toutes Causes & Proces d'Appel que par bien ou mal jugé avec condamnation de l'amende de 75. livres de Fol Appel sous le temperamment, toutes fois qu'où pour de justes considerations il trouveroit à propos de prononcer l'Appellation au néant, l'Appellant qui succomberoit fut toûjours condamné en une Amende de 12. livres au moins, sans que sous quelque pretexte que ce soit ni en quelque maniere que la prononciation soit conçûë, il en puisse estre déchargé.

Edit du mois d'Aoust 1669.

ART. 5.

VEUT que la Declaration du mois de Decembre 1639. soit executée dans tous les Parlemens & autres Cours, en ce qui concerne l'Amende des Appellations, ce faisant que conformément à l'Ordonnance de 1539. ils soient tenus en toutes les Appellations verbales ou par écrit, soit principales ou incidentes, de condamner les Appellans qui succomberont en l'Amende de 75. livres, ou du moins en celle de 12. livres, au cas que pour de bonnes considerations ils jugeassent qu'il y eût lieu de la moderer, comme aussi seront tenus les Juges Presidiaux, és cas esquels ils jugent en dernier ressort, de condamner les Appellans qui succomberont en leurs Appellations en l'amende de 6. livres, lesquelles Amendes de 12. livres & 6. livres ne pourront estre remises sous quelque prétexte que ce soit.

Arrest du 14. Avril 1670.

ORDONNE que l'Edit du mois d'Aoust 1669. pour la Consignation des Amendes de 12. livres & 6. livres, soit executée, en consequence casse une Sentence du Presidial de la Fléche du onze Janvier 1670. Et fait deffenses aux Officiers dudit Presidial, & tous autres Juges, de rendre à l'avenir pareils Jugemens, & au Greffier du Presidial, & à tous autres Greffiers de signer aucun relief d'Appel qu'il ne leur soit apparu de la Consignation faite de l'Amende.

Arrest du 31. Decembre 1670.

CASSE & annulle cinq Arrests du Parlement de Bordeaux, en ce que par iceux, il n'est adjugé aucune amende au Roy: Condamne les Parties qui ont succombé en leurs Appellations, en l'Amende de 12. livres envers Sa Majesté, au payement de laquelle chacun sera contraint à son égard par corps: Condamne les Parties au coust de l'Arrest: Fait deffenses à ladite Cour de Parlement de plus donner de semblables Arrests: Luy enjoint de condamner les Appellans qui succomberont en leurs Appellations, en l'amende de 75. livres, ou du moins en celle de 12. livres conformément à l'Edit du mois d'Aoust 1669. sans que l'amende de 12. livres puisse estre réduite ni moderée.

Arreſt du même jour.

CASSE quatre Arreſts de la Cour des Aydes de Guyenne & porte les mêmes diſpoſitions.

Arreſt du 15. Janvier 1671.

CASSE quatre Arreſts du Parlement de Bordeaux, en ce que les Demandeurs en Requeſte civile qui y ont ſuccombé, n'ont eſté condamnez qu'en 12 livres d'amende ; Condamne leſdits Demandeurs en 300. livres envers le Roy, & en 150. livres envers leurs Parties au payement deſquelles ils ſeront contraints comme pour Deniers Royaux, & au payement du couſt de l'Arreſt.

Fait Deffenſes audit Parlement & à toutes autres Cours & Juges, de plus contrevenir aux Ordonnances, ny moderer les Amendes portées par icelles à peine d'en répondre : Enjoint, quand les ouvertures des Requeſtes civiles ne ſeront pas jugées ſuffiſantes, de condamner les Demandeurs en l'amende de 300. livres envers le Roy, & 150. livres envers la Partie, ſi l'Arreſt contre lequel la Requeſte aura eſté priſe eſt contradictoire, ſoit qu'il ſoit preparatoire ou diffinitif, & en 150. livres envers Sa Majeſté, & 75. livres envers la Partie, ſi c'eſt par deffaut, ſans que leſdites amendes puiſſent eſtre réduites ni moderées.

Declaration du 21. Mars 1671.

ENJOINT aux Cours de Parlement & autres Compagnies qui jugent en dernier reſſort de ne prononcer en toutes cauſes & Procés d'Apel, que par bien ou mal jugé avec condamnation de l'amende de 75. liv. de fol Apel, ſous ce temperament toutes fois, que ſi pour de bonnes & juſtes conſiderations, il ſe trouvoit à propos de prononcer l'apellation au neant ou hors de Cour & de Procés ſur l'apel, l'Apellant qui ſuccombera, ſoit toûjours condamné en une amende qui ne pourra eſtre moindre que de 12. liv. même les acquieſcemens qui ſeront vuidez par expediens ou autrement, ſans que, ſous quelque pretexte que ce ſoit, ni en quelque maniere que la prononD ij ciation soit conçûë, les Apellans en puissent estre déchargez.

Enjoint pareillement à tous autres Juges de condamner ceux qui succomberont en leur Apel en celle de 6. livres, & ès cas esquels ils jugent en dernier ressort à peine d'en repondre en leurs noms.

Arrest du 27. May 1671.

Casse 57. Arrests du du Parlement de Rennes, en ce que par iceux, plusieurs Apellans qui ont succombé, n'ont pas esté condamnez en l'amende portée par l'Edit de 1669. & que les amendes prononcées contre plusieurs autres ont esté converties en aumone: Condamne les Apellans en l'amende de 12. livres, & au coust de l'Arrest: Enjoint au Parlement de condamner en l'amende les Apellans qui succomberont conformément audit Edit.

DEFFENSES AUX JUGES

de faire aucune application des Amendes.

Declaration du 21. Mars 1671.

Ne pourront les Cours & Juges faire application d'aucunes Amendes civiles & criminelles à quelques sommes qu'elles puissent monter, soit pour Reparations, Pain des Prisonniers, Necessitez du Palais, à l'Ordonnance de la Cour, ou sous quelque prétexte que ce soit, qui apartiendront entierement au Roy, attendu que par les Etats arrestez au Conseil, Sa Majesté pourvoit au payement de toutes les Charges ordinaires & extraordinaires qui doivent estre prises sur les amendes, pourront neantmoins condamner les Accusez en quelques sommes aplicables en œuvres pies dans les cas où il aura esté commis sacrilege, & où ladite condamnation d'œuvres pies fera partie de la réparation.

Arrest du 15. Janvier 1672.

Casse un Arrest du Parlement d'Aix, en ce que la moitié d'une amende de 150. livres en laquelle chacun des nommez Chalamond & Rey ont esté condamnez, auroit esté appliquée au Pain des Prisonniers dudit Parlement, comme aussi en ce que la somme de 1000. livres en laquelle lesdits susnommez ont esté condamnez, chacun par ledit Arrest, auroit esté apliquée, moitié aux mêmes necessitez du Palais, & l'autre moitié aux réparations d'iceluy; Fait deffenses audit Parlement & à tous autres Juges de faire aucune aplication d'aucunes amendes civiles & criminelles à quelques sommes qu'elles puissent monter, soit pour réparations, Pain des Prisonniers, Necessitez du Parlement, à l'Ordonnance de la Cour, sous quelque pretexte que ce soit, lesquelles amendes apartiendront entierement au Roy.

Arrest du dix May 1672.

SANS s'arrester à une Sentence du Bailliage & Siége Presidial de Blois du 28. Novembre 1670. en ce que l'amende n'a pas esté entierement adjugée au Roy, Ordonne que des sommes de 1300. livres pour les Réparations du Palais, & 6100. livres pour œuvres pies, le Fermier des Domaines, sera payé outre celle de 500. livres par luy reçûë pour l'amende adjugée, de celle de 1300. livres & de 5100. livres, faisant partie de 6100. livres, & que celle de 1000. livres restant destinée aux Marguilliers & Paroissiens de Boisgaston sera employée au payement des Tailles de ladite Paroisse: Fait deffenses aux Officiers dudit Bailliage de Blois, & tous autres, de plus à l'avenir convertir par leurs Sentences & Jugemens les Amendes en Réparations de Palais, œuvres pies, à la discretion ou ordonnance du Siége ou autrement qu'au profit du Roy, si ce n'est aux cas portez par la Declaration du 21. Mars 1671. à peine d'interdiction contre chacun des Contrevenans, 1500. livres d'amende & de tous dépens, dommages & interests.

Arrest du neuf Aoust 1672.

CASSE deux Sentences des Elûs de Dreux pour avoir fait aplication d'une amende à d'autres qu'au Roy.

Fait deffenses aux Officiers de ladite Election, & à tous autres Juges de faire aucune aplication des Amendes qui seront par eux adjugées pour quelque cause & sous quelque prétexte que ce soit aux peines portées par l'Ordonnance.

Arrest du 22. Janvier 1678.

CASSE un Arrest du Parlement de Paris à l'égard de l'aplication de deux Amendes de 1500. livres & 1000. livres & tout ce qui a esté fait en consequence ; Ordonne que les sommes de 1500. livres & 1000. liv. seront payées au Fermier des Domaines ; à quoy faire les dénommez audit Arrest du 22. Janvier 1678. seront contraints : Fait deffenses aux Officiers dudit Parlement, & à tous autres Juges, d'ordonner à l'avenir des aplications d'amende contre les termes portez par les Declarations & Arrests sur les peines y contenuës, qui seront executez avec le present Arrest.

Arrest du six Novembre 1682.

FAIT Deffenses aux Juges de Police de faire aucune aplication desdites Amendes sous prétexte de Réparations, ou pour quelqu'autre cause que ce soit.

Arrest du onze Juillet 1684.

FAIT Deffenses aux Juges de s'apliquer les amendes prononcées & d'employer à l'avenir dans les Jugemens portant condamnation, ces mots, *de laquelle sera distrait les frais de Justice.*

Declaration du 21. Janvier 1685.

DEFFEND à toutes Cours & Juges de prononcer des Condamnations d'aumônes pour employer en œuvres pies, si ce n'est dans le cas où il aura esté commis sacrilege, & où ladite condamnation pour œuvres pies fera partie de la réparation.

Arrest du 22. Septembre 1685.

SANS s'arrester à un Arrest du Parlement de Metz, en ce qu'il prononce l'aplication de l'amende de 2000. livres pour réparations de l'Auditoire de Verdun, Ordonne que ladite somme de 2000. livres sera payée au Fermier des Domaines du Roy, à quoy faire la Partie condamnée contrainte comme pour Deniers Royaux. Fait défenses aux Officiers du Parlement de Metz & à tous autres Juges d'ordonner à l'avenir des aplications d'amendes contre les termes de ladite Declaration du mois de Mars 1671.

Arrest du six Novembre 1685.

SANS s'arrester à un Arrest du Conseil Souverain de Roussillon du 18. Aoust 1685 qui n'adjuge au Roy que le tiers d'une amende, Ordonne que ladite amende sera payée en entier au Fermier du Domaine.

Declaration du mois de Fevrier 1691.

DEFFEND à toutes les Cours & Juges de decerner aucuns Executoires contre les Receveurs des Amendes, pour raison des menuës necessitez, réparations d'Auditoire ou autre dépense telle qu'elle soit & de disposer en aucune façon du fonds desdites Amendes.

Arrest du 29. Octobre 1720.

ORDONNE que les Declarations du 21. Mars 1671. & 21. Janvier 1685. & les Arrests du Conseil des 22. Novembre 1689. & 11. Janvier 1694. seront executez, en consequence fait deffenses à toutes ses Cours & Juges, même aux Juges Consuls, Juges Conservateurs des Privileges des Foires, Officiers de Police, Prevosts, Chastelains & tous autres Officiers de Justices Royales, ordinaires & extraordinaires, de faire aplication d'aucunes amendes civiles & criminelles qui ont esté & qui seront par eux prononcées & adjugées à quelques sommes qu'elles puissent monter, soit pour reparations, Pain de Prisonniers, necessitez du Palais & sous quelqu'autre prétexte que ce soit, même en condamnant les Accusez en des amendes envers le Roy, de prononcer contr'eux aucunes condamnations d'aumônes, pour employer en œuvres pies; si ce n'est dans le cas où il aura esté commis sacrilege & où la condamnation d'aumônes pour œuvres pies sera partie de la réparation conformement aux Declarations à peine de desobéissance.

OBLIGATIONS DES APELLANS de consigner & de donner Copie des Quittances de Consignation & les Greffiers garans des Amendes.

Edit du mois d'Aoust 1669.

ORDONNE que les Apellans seront tenus de donner Copie de la Quittance du Receveur des Amendes au Procureur de leurs Parties adverses, avant qu'ils puissent estre reçûs à faire aucunes procedures sur leurs Apellations, soit verbales ou par écrit, principales ou incidentes; sauf à l'égard de celles qui seront interjettées sur le Bureau en plaidant, à donner Copie au Greffier par celuy qui voudra lever l'Arrest, de la Quitance du Receveur des Amendes, avant qu'il puisse estre délivré, dont le Greffier demeurera responsable.

DEFFENSES AUX PROCUREURS,

Edit du mois d'Aoust 1669.

FAIT deffenses à tous Procureurs des Cours & Siéges Presidiaux de faire mettre aucune apellation verbale au Rôlle, & d'en poursuivre l'Audience sur le Placet ou de conclure en aucun Procés par écrit qu'ils n'ayent donné & fait signifier Copie de la Quittance du Receveur des Amendes au Procureur de la Partie adverse, à peine de nullité des Procedures, Arrests, Jugemens & Sentences, & de payer l'amende en leurs noms sans aucune repetition.

Declaration du 21. Mars 1671.

DEFFEND à tous Procureurs postulans desdites Cours & Siéges Presidiaux és cas esquels ils jugent en dernier ressort de mettre aucunes Apellations aux Rolles ordinaires & extraordinaires tant en matieres civiles que criminelles, ni d'en poursuivre l'Audience sur Placets, soit aux grandes Audiences ou ou à huis clos, ni de conclure en aucun Procés par écrit, que les amendes n'ayent esté consignées, & la Quittance du Receveur desdites Amendes signifiée & raportée. Veut qu'il soit fait mention sur les Placets & Arrests de Conclusion de la datte de la Quittance sous le nom & paraphe des Procureurs qui en demeureront responsables en leurs noms.

Arrests des quatorze Avril, & dix Decembre 1670. & 31. Decembre 1676.

CONDAMNENT plusieurs Procureurs en l'amende de 12. livres pour n'avoir pas fait signifier des Quittances de condamnation d'amende.

Arrest du huit Novembre 1689.

ORDONNE que la Declaration du 21. Mars 1671. concernant les Amendes sera executée contre les Procureurs du Parlement de Dijon.

Fait deffenses à tous ceux des autres Cours de faire à l'avenir aucunes poursuites de quelque nature qu'elles soient sur aucun Appel, que l'amende de 12. livres n'ait esté préalablement consignée, à peine de 500. livres d'amende.

OBLIGATIONS DES PROCUREURS
Pour la facilité du Recouvrement des Amendes.

Declaration du 21. Mars 1671.

ET pour faciliter le recouvrement des amendes qui seront adjugées au Roy, ordonne que les Procureurs des Cours & des Sieges Presidiaux qui mettront à l'avenir des causes aux Rolles ou en poursuivront des audiences sur Placets, seront tenus, chacun à leur égard de faire signifier aux Procureurs des Parties adverses, les qualitez des Arrests & Jugemens intervenus au profit de leur partie, portant condamnation d'amende au profit de Sa Majesté dans le jour qu'ils auront esté rendus & d'y comprendre les noms, surnoms, qualitez & demeures desdites parties condamnées, & de les mettre dans trois jours aprés qu'elles auront esté signifiées ès mains des Greffiers qui auront reçû lesdits Arrests, Sentences ou Jugemens; comme aussi qu'ils employeront la même chose dans les qualitez des Arrests d'Apointé au Conseil de Conclusion, Acquiescement, Apointement, Reglement, Congez, Deffauts, Sentences & Jugemens.

OBLIGATIONS DES GREFFIERS, ORDONNE'ES pour la facilité du Recouvrement des Amendes.

Edit du mois d'Aoust 1669.

DEFFEND aux Greffiers de délivrer les Arrests, Sentences & Jugemens sur les Appellations interjettées à l'Audience, qu'il ne leur soit apparu de la Quittance du Receveur des Amendes, à peine d'être responsables de l'amende.

Arrest du 14. Avril 1670.

FAIT deffenses aux Greffiers de signer aucun relief d'Apel que la consignation de 12. livres & de 6. livres n'ait esté faite par les Apellans, & qu'ils n'ayent justifié de la Quittance de Consignation, à peine de 500. liv. d'amende & d'interdiction.

Declaration du 21. Mars 1671.

ORDONNE aux Greffiers de faire les Extraits des Arrests qui prononceront Amendes, & les délivrer tous les Lundis de chacune semaine au Fermier des Domaines, ses Commis & Préposez : Et deffend ausdits Greffiers & Commis des Greffes, de delivrer aucuns Arrests, Sentences ou Jugemens où il y aura condamnation d'amende, qui doivent être consignées, qu'ils n'ayent vû la Quittance du Fermier ou son Commis, & cotté sur la minutte la datte de la Quittance & par qui l'amende aura esté payée & fait mention d'icelle sur leur Registre.

Edit du mois de Fevrier 1691.

ORDONNE que les Greffiers fourniront des Extraits de

tous les Jugemens qui portent condamnation d'amende au profit du Roy, ou un Certificat comme il n'y aura aucune amende adjugée, lesdits Extraits contenant les noms & qualitez des Parties leurs domiciles & les noms de leurs Procureurs, pour sur iceux estre les Redevables contraints par les voyes ordinaires, comme pour Deniers Royaux.

Arrest du douze Janvier 1694.

ORDONNE aux Greffiers de fournir au Fermier du Domaine des Extraits des Jugemens & Sentences qui auront adjugé & adjugeront des amendes tant du fol Apel ou acquises au Roy, qu'autres.

Arrests des vingt-deux Novembre 1689. douze Janvier 1694. & vingt-neuf Octobre 1720.

ET pour faciliter le Recouvrement des Amendes, tant d'Apel, Inscription de Faux, Requestes civiles, que generalement toutes autres Amendes de condamnations civiles & criminelles qui ont esté ou seront adjugées au profit du Roy, Ordonne aux Greffiers qui auront reçû les Arrests & Sentences & Jugemens, portant condamnation desdites amendes, de faire & delivrer aux Commis préposez à la Recette des Amendes, des Extraits de tous lesdits Arrests, Sentences, Jugemens, Sçavoir, les Greffiers des Cours Superieures tous les Lundis de chaque semaine; & ceux des Presidiaux & autres Justices Inferieures, le premier de chacun mois, ou un Certificat comme il n'y aura aucune amende adjugée, lesdits Extraits contenant les noms, qualitez & domiciles des Parties & les noms de leurs procureurs, pour iceux Extraits être les Redevables desdites Amendes contraints comme pour Deniers Royaux en vertu de contraintes qui seront à cet effet delivrées par lesdits Préposez ayant Serment en Justice, pour chacun desquels Extraits il sera payé ausdits Greffiers 2. sols 6. deniers seulement avec le coust du Papier timbré, conformément ausdits Arrests des 22. Novembre 1689. & 12. Janvier 1694. Fait deffenses ausdits Greffiers d'exiger plus grands Droits, à peine de concussion & de 500. livres d'amende.

FACULTE' A L'INTIME' DE CONSIGNER

Pour l'Apellant sauf la répetion en fin de Cause.

Declaration du vingt-un Mars 1671.

ET encore que les Apellans soient en demeure de consigner l'amende, l'Intime pourra, si bon luy semble, faire ladite Consignation, sauf à la repeter en fin de Cause contre l'Apellant, & jusqu'à ce toute Audience deniée à l'une & à l'autre des Parties, & en cas que l'Intimé consigne l'amende de 12. livres pour l'Apellant, & que par l'Arrest l'Apellant soit condamné en l'amende de 75. livres, l'Intimé employera les 12. livres par luy consignez dans la Declaration des dépens qui luy seront adjugez, & le surplus sera recouvré par le Fermier du Domaine ou ses Commis contre la Partie condamnée.

PEINES PRONONCE'ES

contre les Procureurs & Greffiers.

Declaration du vingt-un Mars 1671.

TOUTES les Deffenses & Obligations cy-devant ordonnées aux Procureurs & Greffiers, à peine de payer par les Contrevenans chacun en droit soy, lesdites amendes, en leurs propres & privez noms, & outre 500. livres d'amende contre chacun Greffier des Cours & Juges, & Procureurs contrevenans pour chacune contravention pour la premiere fois & d'interdiction en cas de récidive, & au payement seront les Contrevenans contraints par corps à leurs frais & dépens en vertu de la presente Declaration.

PREFERENCE ET PRIVILEGE

des amendes à tous Créanciers.

Declaration du 2. Mars 1671.

TOUTES lesquelles amendes seront payées és mains du

Fermier des Domaines ou ses Commis à la Recette d'icelles, sur les Biens, Meubles & autres Effets des condamnez par preference & privilege à tous Creanciers, tant par les Fermiers conventionnels & judiciaires, Receveurs des Consignations, Commissaires des Saisies Reelles, Payeurs des Gages d'Officiers, que tous autres debiteurs des condamnez esdites amendes, lesquels seront contraints comme depositaires, nonobstant toutes Saisies & Arrests, Oppositions, Appellations ou autres empêchemens quelconques, encore que ledit Fermier ou ses Commis ne se soient opposez aux Decrets des Biens des condamnez ni saisi iceux, & sans qu'ils soient obligez de le faire dire & ordonner avec les Créanciers Parties saisies, saisissantes & opposantes.

Arrest du douze Juillet 1675.

FAIT Deffenses aux Officiers du Tresor de surséoir l'execution des Contraintes par corps contre les redevables des Deniers Royaux & des Amendes.

Arrest du 7. Mars 1676.

DECHARGE le Fermier General des Domaines des Assignations à luy données, & à la Requeste de plusieurs particuliers pour proceder sur les Oppositions par eux formées à l'execution des Rôlles des Amendes jugées par Arrests rendus à tour de Rolle sur Deffaurs & Congez, Ordonne l'execution des Rolles : Fait deffenses à tous Procureurs de signer de pareilles Requêtes d'opposition à peine d'amende & d'interdiction.

Arrest du deux Janvier 1677.

DECHARGE les Fermiers Generaux des Domaines des Assignations à eux données à la Cour des Aydes pour proceder sur les oppositions formées à l'execution des Contraintes pour recouvrement des Amendes prononcées contre differens particuliers.

Fait iteratives Deffenses à tous Procureurs de signer & presenter des Requestes en opposition ausdites Contraintes, &

condamne plusieurs Procureurs en 100. livres d'amende chacun pour avoir signé pareilles Requestes.

Arrest du onze Avril 1684.

ORDONNE que la Declaration du 21. Mars 1671. sera executée, en consequence que le Fermier des Domaines sera payé des amendes sur les meubles & immeubles des condamnez par preference à tous Créanciers, nonobstant opposition, &c.

Edit de Fevrier 1691.

CEUX qui seront condamnez és amendes, seront contraints au payement d'icelles par les voyes ordinaires & accoûtumées pour les affaires du Roy en vertu des Contraintes qui seront à cet effet decernées par les Receveurs, & par privileges à tous Créanciers conformément à la Declaration de 1671.

Et les Redevables seront poursuivis dans les trois mois du jour que les condamnations auront esté prononcées.

Declaration du treize Juillet 1700.

DECLARE que l'hipoteque pour le payement des Amendes n'aura lieu sur les biens des Redevables, que du jour du Jugement de condamnation, dérogeant à cet effet à la Declaration du vingt-un Mars 1671. à l'Edit du mois de Fevrier 1691. & aux Arrests rendus en consequence.

OBLIGATION DES GREFFIERS des Geolles & Conciergeries en cas de consignation d'amende en leurs mains.

Declaration du vingt-un Mars 1671.

ET en cas que les Greffiers des Geolles & Conciergeries reçoivent des Amendes pour faciliter l'élargissement des Prisonniers condamnez en icelles seront tenus de le declarer & en fournir les Deniers au Fermier des Domaines ou ses Commis tous les Lundis de chacune semaine à peine d'y estre contraints a leurs frais & de 100 livres d'amende.

OBLIGATION DU FERMIER DU DOMAINE de restituer les amendes, jour à jour, à ceux qui les auront consignées & obtenu gain de cause, & de remettre les fonds des Amendes consignées à la fin de chaque Bail de Fermier à Fermier, successivement les uns aux autres.

Edit du mois d'Aoust 1669.

LE Receveur comptera par chacune année des amendes qu'il recevra, & en cas que par Arrest, la Sentence dont est Apel aura esté interjetté, soit infirmée, ledit Receveur employera en depense l'amende qu'il aura reçûë, & fera mention de l'Arrest qui aura infirmé ladite Sentence.

NOTA. Les dispositions des Reglemés cy aprés pour la Remise du Fond des Amendes de consignation non restituées de Fermier en Fermier successivement ne subsistent plus à cet égard seulement, au moyen de l'Arrest du 19. Avril 1720. qui ordonne que Brunet chargé depuis le premier Janvier 1717. jusqu'au premier Decembre 1719. de la consignation des Amendes, sera tenu de compter de toutes les Amendes consignées pendant ledit temps & d'en porter le fonds au Tresor Royal.

Declaration du vingt-un Mars 1671.

LES Deniers de toutes lesquelles Amendes consignées des Affaires jugées seront de trois mois en trois mois mis & delivrez par les Commis à la Recette d'icelles és mains du Fermier des Domaines & ses Soûfermiers, chacun en droit soy, pour en demeurer dépositaires & les rendre jour à jour aux Apellans & autres qui les auront consignées qui obtiendront gain de cause sans aucuns frais ni droits, & seront tenus lesdits Fermiers & Soûfermiers à la fin de tous Baux, de fournir un Etat desdites amendes consignées des affaires qui n'auront pas esté jugées, & d'en remettre les Deniers aux Fermiers & Soûfermiers qui entreront en leur place, qui s'en chargeront pour en faire le payement aussi sans aucuns frais ny droits à ceux & ainsi qu'il sera ordonné, & rendre au precedent Fermier celles qui seront adjugées au Roy à mesure que les Instances seront jugées, & en demeureront les Cautions dudit Fermier & Soûfermiers tenus & responsables en leurs propres & privez noms.

Arrest du six Juin 1682.

ORDONNE que les Soûfermiers des Domaines remettront és mains de leur successeur les fonds des amendes consignées dont les Instances ne sont point jugées.

Arrests des vingt Mars 1677. dix Juillet 1683. seize Mars 1688. sept Juin 1689.

CES Arrests portent les mêmes dispositions que l'Article de la Declaration du 21. Mars 1671. cy-dessus.

Arrest du vingt-six Mars 1688.

ORDONNE que dans un mois, Fauconnet, & ses Soûfermiers representeront les Etats qu'ils sont obligez de fournir des amendes consignées en leurs mains, ensemble les Registres de la Recette qu'ils ont faite desdites Amendes & les Etats qui leur ont esté fournis par les precedens Fermiers des Amendes qui auront esté consignées en leurs mains.

A qui appartiennent les amendes consignées entre les mains d'un Fermier remises à son successeur.

Arrest du sept Juin 1689.

NOTA. Ce reglement ne subsiste plus au moyen de l'Arrêt du 28 Octob. 1720. portant entre

ORDONNE que les Amendes consignées és Fermiers des Domaines dont ils auront remis les fonds à ceux qui leur ont succedé, apartiendront à ceux entre les mains desquels elles auront esté consignées; & leurs seront payées au fur & à mesure qu'elles seront adjugées au Roy par Arrests & Jugemens ou acquises par peremption, desertion, accords ou transactions durant

durant le cours des Baux ſubſequens conformément à la Declaration de 1671.

autres choſes, que toutes les Amendes appartiendront en entier à Pillavoine pendant le cours de ſon Bail, même celles qui ſe trouveront adjugées auparavant, pour raiſon deſquelles les Fermiers & Soûfermiers precedens n'auront point fait de pourſuites ou n'auront fait paſſer à leur profit aucunes Promeſſes ou obligations paſſées pardevant Notaires dans le cours de trois années du jour de leurs Baux, ou pendant le cours de l'année 1710.

Les Amendes prononcées & adjugées par Sentences des Juges confirmées par les Cours Superieures en cas d'Apel apartiennent aux Fermiers des Domaines des Villes & lieux de l'Etabliſſement des Juges.

Et celles prononcées par les Cours Superieures en infirmant les Sentences des Juges inferieurs, appartiennent aux Fermiers des Domaines deſdites Cours.

Arreſt du 24. Fevrier 1685.

ORDONNE que les Amendes qui ſeront prononcées & adjugées par les Sentences des Juges des lieux & qui auront eſté confirmées par les Cours Superieures en cas d'Apel apartiendront aux Soûfermiers des Domaines des Villes & lieux de l'Etabliſſement des Siéges où leſdites Sentences auront été renduës en conſequence des Baux qui en ont eſté faits par le Fermier General, & que les amendes qui ſeront prononcées par leſdites Cours Superieures, lorſqu'elles infirmeront les Sentences des Juges inferieurs, appartiendront aux Fermiers des Domaines ou Fermiers des Amendes deſdites Cours auſſi ſuivant leurs Baux.

REGISTRES DES RECEVEURS DES AMENDES.

Edit du mois d'Août 1669.

LE Receveur tiendra bon & fidele Regiſtre de Quittances qui auront eté par luy délivrées & en pourra expedier des Duplicata pour recouvrer leſdites amendes, s'il eſt ainſi ordonné.

A qui apartiennent les amendes prononcées par Messieurs les Commissaires du Conseil.

Arrest du treize Fevrier 1683.

ORDONNE que les Amendes adjugées par les Jugemens rendus à Abbeville par les Sieurs Commissaires deputez par Lettres Patentes du onze Aoust 1682. seront delivrées au Fermier General, à ce faire les condamnez contraints, avec Deffenses audit de Lisle de le troubler à peine de tous dépens, dommages & interêts.

POLICE,

A qui appartiennent les Amendes de Police.

Arrest du six Novembre 1682.

ORDONNE que le Fermier des Domaines de Metz joüira des Amendes adjugées par les Juges de Police dans les Villes & lieux de la Generalité de Metz, à l'effet de quoy les Rolles desdites amendes seront délivrés à ce Fermierpour en estre par luy fait le Recouvrement en la maniere accoûtumée en vertu de son Bail.

AMENDES CONTRE LES CONTREVENANS aux Reglemens qui deffendent les Jeux.

FAUCONNET Fermier General des Domaines du Roy, ayant en 1685. representé qu'il estoit en possession de joüir du tiers des Amendes prononcées contre les personnes qui donnent à joüer aux Jeux de la Bassette, Hoca, & autres deffendus conformément à un Arrest du Parlement du seize Septembre 1680. par lequel le tiers desdites amendes est declaré pour Sa Majesté, le tiers pour le Denonciateur & l'autre tiers pour l'Hôpital des Enfans trouvez, & Sa Majesté ayant par Arrest du 30. Janvier 1685. confirmé la Deffense desdits Jeux dans tout le Royaume à peine de 3000. livres d'amende par Arrest du 30. Janvier 1685. confirmé la Deffense desdits Jeux dans tout le Royaume, à peine de 3000. livres d'Amende contre les Contrevenans dont Sa Majesté a declaré le tiers pour les Dénonciateurs, & les deux autres tiers pour les Hôpitaux des lieux, sans s'estre expliquée qu'elle n'a entendu rien innover au Reglement du Parlement.

Par Arrest du dix-sept Mars 1685.

LE ROY a ordonné que Fauconnet continuëra de joüir dans la Ville de Paris & Banlieuë d'icelle, du tiers des amendes adjugées & qui s'adjugeront contre les contrevenans au Reglement & Arrest du Parlement du 16. Septembre 1680. nonobstant ce qui est ordonné pour lesdites amendes par l'Arrest du Conseil du 30. Janvier, qui sera au surplus executé selon sa forme & teneur.

Ordonnance du Sieur de Baudry Lieutenant General de Police, du quatre Decembre 1720.

PORTE que les anciennes & nouvelles Ordonnances du Roy, & notamment celles des 4. Decembre 1717. & 17. Novembre 1718. les Arrests du Conseil, & du Parlement concernant les Jeux, seront executez selon leur forme & teneur, en consequence fait deffenses à toutes personnes de quelque qualité & condition qu'elles soient, de tenir aucune assemblée de Jeu, &c. sous peine de 3000. livres d'amende, tant contre ceux qui donneront à joüer que contre chacun des Joüeurs, applicable le tiers au Roy, le tiers à l'Hôpital General, & l'autre tiers au Denonciateur.

Les dix sols cy devant attribuez aux Offices de Receveurs, Controlleurs & Inspecteurs sur les Amendes adjugées au Roy, & le quart des Amendes extraordinaires attribué ausdits Offices d'Inspecteurs, appartiennent en entier au Fermier des Domaines du Roy.

Arrest du onze May 1720.

PORTE cette disposition, ainsi ces 10. sols, & ce quart d'Amende appartiennent au Roy & font partie du Bail du Fermier des Domaines.

Arrest du 29. Octobre 1720.

QUI deffend à toutes ses Cours & Juges, même aux Juges Consuls, Juges Conservateurs des Privileges des Foires, Officiers de Police, Prevôts, Chastelains, & tous autres Officiers des Justices Royales ordinaires & extraordinaires, de faire application d'aucunes Amendes Civiles & Criminelles qui ont esté & qui seront par eux prononcées & adjugées à quelques sommes qu'elles puissent monter, soit pour Reparations, Pain des Prisonniers, necessitez du Palais, ou sous quelqu'autre pretexte que ce soit, même en condamnant les accusez en des Amendes envers Sa Majesté, de prononcer contr'eux aucunes condamnations d'Aumônes pour employer en œuvres pies, si ce n'est dans les cas où il aura esté commis Sacrilege, & où la condamnation d'Aumônes pour œuvres pies fera partie de la reparation, conformément ausdites Declarations, à peine de désobeissance.

Arrest du 9. Decembre 1721.

QUI deffend aux Officiers de l'Election de Chatelleraulr, d'ordonner la consignation des amendes sur les Inscriptions de faux entre les mains des Greffiers, aux Procureurs de le requerir ni d'occuper sur icelles, & aux Greffiers de les recevoir à peine d'interdiction: Ordonne que lesdites Amendes, seront consignées entre les mains du Fermier d'icelles; Fait deffenses à tous Receveurs des Consignations, de recevoir les Amendes adjugées, soit diffinitivement ou par provision, pour contraventions aux Droits des Fermes; & ordonne qu'elles seront payées ou consignées entre les mains des Fermiers desdits Droits, conformément à l'Ordonnance, & aux Arrests & Reglemens rendus en consequence.

Arrest du 14. Juin 1723.

PORTANT deffenses à tous Juges & Officiers d'ordonner aucunes restitutions d'Amendes d'inscriptions de faux, que dans les cas portez par la Declaration du 21. Mars 1671. sous peine d'en repondre en leur privé nom, de six mois d'interdiction & de 500. livres d'Amende.

Arrest du 25. Juin 1724.

QUI fait défenses à tous Procureurs des Sieges & Jurisdictions du Royaume, de mettre des Appellations aux Rolles ordinaires & extraordinaires, tant en matiere Civile, que Criminelle, ni d'en poursuivre l'Audience sur Placets, & de conclure en aucuns Procès par écrit, que les Amendes n'ayent été consignées avec les Droits attribués aux Receveurs & Controlleurs desdites Amendes, sous peine de nullité des Sentences & Jugemens rendus sur les appels, tant au premier, qu'au second Chef de l'Edit, de perte des frais des Procureurs, & de cinq cens livres d'Amende pour chaque contravention, &c.

Extrait du Bail de Carlier du 19. Aoust 1726.

CCCCCXXVII.

JOUIRA ledit Carlier des Amendes de toute nature qui Nous seront adjugées pendant le cours du present Bail, y compris celles de Police, soit qu'elles soient sujettes à recouvrement, ou qu'elles ayent esté consignées, en ce compris la portion dans lesdites Amendes consignées, qui avoient esté attribuées aux Offices de Receveurs, Controlleurs & Inspecteurs des Amendes, ensemble des Deux sols huit deniers pour livre en sus d'icelles, & des Droits de Quittance attribuez ausdits Offices, ainsi qu'en ont joüi ou dû joüir les precedens Fermiers de nos Domaines, les pourvûs desdits Offices, Jean Brunet & Martin Girard cy-devant chargez de la regie des Droits réduits & reservez dans les Cours, Chancelleries, Presidiaux, Bailliages & autres Sieges & Jurisdictions, le tout conformément aux Edits des mois d'Aoust 1669. Fevrier 1691. Mars 1695. Juillet 1697. Novembre 1704. Janvier & Aoust 1708. & Aoust 1716. & aux Declarations des 21. Mars 1671. 21. Avril & 28. Juillet 1705. Lettres Patentes du 12. Juillet 1726. & aux Arrests & Reglemens de nostre Conseil rendus à ce sujet; à l'exception néanmoins des Amendes adjugées dans les Tables de Marbre & Maîtrises des Eaux & Forests, qui ont esté distraites & desunies de la Ferme de nos Domaines par Arrest de nostre Conseil du 14. May 1715.

CCCCCXXVIII.

SERA tenu ledit Carlier de rendre & restituer aux parties les Amendes consignées, dont la restitution a esté & sera cy-après ordonnée, en quelque temps que la Consignation en ait esté faite, mesme de payer aux precedens Fermiers de nos Domaines les Amendes de Consignation adjugées pendant le cours de leurs Baux expirez avant & jusqu'au premier Janvier 1721. & ce sur le fonds des Amendes qui seront consignées en ses mains, à compter du premier Janvier 1727. Et au cas que ce fonds ne fust pas suffisant pour y satisfaire, il y sera par Nous pourvû, conformément à nostre Declaration du 17. Octobre 1699.

CCCCCXXIX.

LEDIT Carlier establira dans toutes les Cours, Sieges & Jurisdictions tels Receveurs & autres Commis qu'il jugera necessaires pour faire la Recette, la restitution & le payement desdites Amendes, & en compter toutes les années sans aucuns frais, en la forme prescrite par l'Edit du mois de Fevrier 1691. & par la Declaration du 17. Octobre 1699. desquels Receveurs & Commis il demeurera garant & responsable, conformément à la Declaration du 21. Mars 1671. sans néanmoins que ledit Adjudicataire soit obligé de fournir d'autre cautionnement que celuy du present Bail: Et sera ledit Adjudicataire tenu à la fin de son Bail, de fournir l'estat des Amendes qui auront esté consignées entre ses mains, & de ses Receveurs & Commis, depuis ledit jour premier Janvier 1727. de celles qu'il aura renduës & restituées aux parties, des payemens qu'il aura faits aux precedens Fermiers de nos Domaines, ainsi qu'il est dit au precedent Article & des Amendes qui Nous auront esté adjugées pendant le cours de son Bail; & deduction faite desdites restitutions, payemens & Amendes adjugées, s'il luy reste quelque fonds procedant des Amendes consignées en ses mains & de ses Receveurs & Commis, il sera tenu de les porter en nostre Tresor Royal, conformément à ladite Declaration du 17. Octobre de ladite année 1699.

Exceptons de la disposition des deux precedens Articles, conformément à la Declaration du premier Decembre 1699. les Amendes qui seront consignées en nostre Cour du Parlement de Paris; Voulons que la consignation des Amendes y soit faite entre les mains du Receveur qui a esté ou sera pour ce commis par nostredite Cour, ainsi qu'il s'est cy-devant pratiqué, & qu'il se pratique actuellement ; pour, par ledit Receveur, compter toutes les années desdites Amendes devant le premier President & le Procureur General de ladite Cour, en la forme portée par le Reglement de 1691. & remettre au Tresor Royal, de six ans en six ans, le fonds qu'il luy restera entre les mains, si Nous ne jugeons à propos de le faire porter plus souvent. Et sera ledit Receveur commis par nostredite Cour, tenu de donner bonne & suffisante caution audit Carlier, pour sûreté de la remise qu'il sera tenu de luy faire huitaine après l'écheance de chaque mois, des Amendes de consignation qui Nous auront esté adjugées, ensemble des deux sols huit deniers pour livre des Amendes consignées, & des Droits de Quittance compris au present Bail.

Arrest du 11. Janvier 1729.

QUI deffend au Lieutenant General de Police de la Ville de Tours, & à tous autres Juges de la Generalité, de faire aucune application des Amendes civiles & criminelles, qui seront par eux prononceés & adjugées, à quelques sommes qu'elles puissent monter, soit pour Reparations, Pain des Prisonniers, Necessitez du Palais, Impressions & sous quelque autre pretexte que ce soit, même en condamnant les Accusez en des Amendes envers Sa Majesté, de prononcer contre eux aucune condamnation d'Amende, pour employer en œuvres pies, si ce n'est dans le cas où il aura esté commis sacrilege, & où la condamnation d'aumônes pour œuvres pies sera partie de la reparation, le tout à peine de cinq cens livres d'Amende pour chaque contravention.

Lettres Patentes du 27. Decembre 1729.

PORTANT que les Amendes seront acquises à Sa Majesté lors des Accords ou Transactions, sur les Appellations, Requêtes civiles, ou Inscriptions en faux, lorsque par lesdits Accords ou Transactions les parties se sont désistées de leurs Appellations, Inscriptions en faux, ou Lettres en forme de requête civile, au moyen de quoi en remettant par le Fermier des Domaines au Commis à la Recette en la Cour de Parlement de Paris, la quittance d'Amende, le Certificat du Procureur, portant que l'Appellant s'est désisté de son appel, ou le Demandeur de son Inscription en faux, ou de ses Lettres en forme de requête civile ; ensemble sa quittance du contenu en la quittance d'Amende, ledit Commis à la Requête sera tenu de remettre audit Fermier des Domaines les Amendes qui seront acquises à ce titre ; à quoi faire contraint comme pour les propres deniers & affaires du Roy, à condition néanmoins qu'il demeurera toujours dans la Caisse dudit Commis, conformément à la Déclaration du premier Décembre 1699. la somme de quinze mille livres pour l'employer au courant de l'exercice de sa Commission, laquelle somme sera prise même sur le fonds des Amendes acquises au Fermier, si celui des Amendes indécises ne suffisoit pas, à la charge du remplacement lorsqu'il y aura deniers suffisans, & en cas d'insuffisance, y sera pourvû par le Roy : Ordonnent qu'en cas que le contenu au Certificat des Procureurs ne se trouve pas veritable, ils demeurent responsables, tant de l'Amende qui aura été retirée sur le Certificat, que de tous dépens, dommages & interêts envers les Parties, & sans qu'audit cas, ou en cas de Lettres de Rescision, ou autres voyes de droit contre lesdits Accords ou Transactions, les Parties puissent être tenuës de consigner de nouveau une nouvelle amende.

Arrest du 18. Janvier 1735.

QUI regle la forme en laquelle les Fermiers des Domaines doivent compter du produit des Amendes de Consignation, contenant sept Articles.

Arrest du 5. Avril 1735.

QUI ordonne le rapport d'une Amende de faux entre les mains du Fermier, nonobstant la restitution qui avoit été ordonnée en être faite à la partie, par un Arrêt du Parlement de Toulouse ; que Sa Majesté casse & annule par le present Arrêt.

Ensuivent les Reglemens concernant la perception des Amendes és Conseils du Roy.

EXTRAIT DU REGLEMENT,

Concernant la procedure du Conseil d'Etat Privé.

Du 3 Janvier 1673.

ARTICLE LIV.

APRES qu'une Requeste aura été refusée, aucune autre concernant le même fait ne pourra estre presentée, s'il n'y est fait mention de celle qui aura été refusée, à peine de trois cens livres d'amende, moitié contre l'Avocat, & l'autre contre la Partie, laquelle amende ne sera remise ni moderée. *3 Janvier 1673.*

ARTICLE LXII.

CE qui a été ordonné par l'Article XVI. des Requestes Civiles de l'Ordonnance du mois d'Avril 1667, sera observé pour les Requestes en cassation ; & ce faisant seront tenus ceux qui se pourvoiront au Conseil en cassation des Arrests & Jugemens contradictoires, tant du Conseil, que des Cours & Juges en dernier ressort, soit qu'ils soient préparatoires ou diffinitifs, en presentant leur Requeste, afin de Cassation, de consigner la somme de trois cens livres pour l'amende envers Sa Majesté, & cent cinquante livres pour celle envers la Partie : & si les Arrests & Jugemens en dernier ressort, sont par défaut ou congé, sera seulement consigné la somme de cent cinquante liv. pour l'amende envers Sa Majesté, & soixante-quinze livres pour celle envers la Partie, lesquelles sommes

3 Janvier 1673 seront reçûës par le Fermier General du Domaine, ou celui qui sera par luy commis & préposé, qui s'en chargera comme Dépositaire, sans droits ni frais, & sans qu'il puisse les employer en recette qu'elles n'ayent été diffinitivement adjugées, pour estre aprés le Jugement des Requestes en cassation, rendues & délivrées aussi sans frais, à qui il appartiendra.

ARTICLE LXIII

POURRONT néanmoins ceux qui n'auront été parties, ou dûëment appellés, s'opposer à l'execution des Arrests, ou en demander la cassation, sans estre tenus de consigner aucune amende, mais s'ils succombent en leur Requeste en quelque maniere que la prononciation soit conçûë, ils seront condamnés en deux cens livres d'amende envers Sa Majesté, & cent livres envers la Partie, sans que les amendes puissent estre remises ni moderées.

ARTICLE LXVIII.

SI les Moyens de Cassation ne sont pas jugés suffisans, & que l'Arrest contre lequel ont s'est pourvû subsiste, en quelque maniere que la prononciation soit conçûë, le Demandeur en cassation sera condamné en trois cens livres d'amende envers Sa Majesté, & cent cinquante livres envers la Partie; si l'Arrest contre lequel la Requeste aura été presentée est Contradictoire, soit qu'il soit préparatoire ou diffinitif; & en cent cinquante livres envers Sa Majesté, & soixante quinze livres envers la partie, s'il est par congé ou défaut, soit de comparoir ou de produire, sans que les Amendes puissent estre remises ni moderées.

ARTICLE LXX.

SA MAJESTE' ajoûtant aux précautions portées par le Titre des Evocations de son Ordonnance du mois d'Aoust 1669; ordonne qu'auparavant qu'aucun puisse faire signifier une Cedulle Evocatoire sur parentés & alliances, ou presenter Requeste au Conseil pour Evoquer à cause du fait propre d'aucuns Officiers des Parlemens, ou autres Cours Superieures, il soit tenu de consigner la somme de trois cens livres pour l'amende envers Sa Majesté, & cent cinquante livres pour celle envers la Partie, lesquelles sommes seront reçûës par le Fermier General des Domaines de Sa Majesté, ou celui qui sera par lui commis & préposé, qui s'en chargera comme Dépositaire, sans droits ni frais, & sans qu'il puisse les employer en recette, quelles n'ayent été diffinitivement adjugées pour estre après le Jugement des Evocations renduës & délivrées aussi sans frais, à qui il appartiendra. *3 Janvier 1673.*

ARTICLE LXXII.

L'EVOQUANT qui succombera en quelque maniere & en quelques termes que la prononciation soit conçüe, pourvû que l'affaire dont on aura demandé l'Evocation ne soit point Evoquée, sera condamné en trois cens livres d'amende envers Sa Majesté, & cent cinquante livres envers la Partie, sans que sous quelque prétexte que ce soit elles puissent estre remises ni moderées.

ARTICLE LXXIII.

SA MAJESTE' ajoûtant pareillement au XXIXe. Article du Titre des Recusations de son Ordonnance du mois d'Avril 1667, ordonne qu'aucun ne puisse estre reçû à presenter Requeste au Conseil pour recuser l'un des Juges, qu'il n'ait consigné la somme de deux cens livres pour l'amende qui sera aussi reçüe sans droits ni frais, & sans qu'il puisse les employer en recette qu'elles n'ayent été diffinivement adjugées pour estre après le Jugement des Recusations, renduës & délivrées aussi sans frais à qui il appartiendra.

ARTICLE LXXV.

CELUI dont les Recusations n'auront point été admises en quelque maniere & en quelques termes que la prononciation soit conçüe, si le Juge qui avoit été recusé, demeure, sera condamné en deux cens livres d'amende, applicable moitié au Roy, & l'autre moitié à la Partie, sans qu'en aucun cas & sous quelque prétexte que ce soit, l'amende puisse estre remise ni moderée.

ARTICLE LXXXII.

AUCUNE Appellation ne sera reçüe que l'Appellant n'ait consigné l'amende de douze livres, conformément à l'Edit du mois d'Aoust 1669.

ARTICLE LXXXIII.

LES Appellans qui succomberont en leurs Appellations en quelque maniere que la prononciation soit conçüe, seront condamnés en l'amende de soixante quinze livres, ou du moins, en celle de douze livres, au cas que pour de bonnes considerations, les Maîtres des Requestes jugeassent qu'il y eût lieu de la moderer, sans que l'amende de douze livres puisse estre remise ni moderée en aucun cas.

ARREST DU CONSEIL,

QUI fait défenses aux Avocats dudit Conseil de signer aucune Requeste tendante à cassation d'Arrests & Jugemens, Evocations, ou Recusations, que les Amendes n'ayent été consignées.

Du 22 Avril 1673.

22 Avril 1673. LE ROY ayant par le dernier Reglement, qu'il a fait pour estre observé en son Conseil le 3 Janvier 1673, ordonné que tous ceux qui se pourvoiront au Conseil, en cassation des Arrests & Jugemens contradictoires, tant du Conseil, que des Juges en dernier ressort, soit qu'ils soient préparatoires ou diffinitifs, & voudront faire signifier une Cedulle Evocatoire sur parentés & alliances, ou presenter Requeste au Conseil pour évoquer, à cause du fait propre d'aucuns Officiers des Parlemens, & autres Cours Superieures, seront tenus au préalable de consigner la somme de trois cens livres pour l'amende envers Sa Majesté, & cent cinquante livres pour celle envers la Partie; & si les Arrests & Jugemens en dernier ressort sont par défaut ou congé, cent cinquante livres seulement, pour l'amende envers Sa Majesté, & soixante quinze livres envers la partie: Comme aussi, qu'aucun ne puisse estre reçû à presenter Requeste au Conseil pour recuser l'un des Juges qu'il n'ait consigné la somme de deux cens livres, lesquelles sommes seront reçûës par le Fermier general du Domaine, ou celui qui sera par lui préposé, qui s'en chargera comme Dépositaire, sans droits ni frais, sans qu'il les puisse employer en recette, qu'elles n'ayent été diffinitivement adjugées, pour estre après le Jugement des Requestes en cassation, évocations & recusations, renduës & délivrées aussi sans frais à qui il appartiendra, & voulant que ledit Reglement soit exactement suivi & executé sans qu'on y puisse contrevenir: Ouy le Rapport du Sr Pussort, Conseiller ordinaire de Sa Majesté en ses Conseils, & en son Conseil Royal des Finances; & tout considéré. SA MAJESTE' ESTANT EN SON CONSEIL, a fait très-expresses inhibitions & défenses aux Avocats du Conseil, de signer aucune Requeste tendante à cassation des Arrests & Jugemens, tant du Conseil que des Juges en dernier ressort, évocations ou recusations pour quelques personnes que ce soit, que les Amendes portées par ledit Reglement du trois Janvier mil six cens soixante-treize, n'ayent été actuellement consignées entre les mains du Fermier general des Domaines, ou de celui par lui préposé, dont ils seront tenus d'attacher les quittances avec lesdites Requestes, à peine de cent livres d'amende pour chacune contravention, & de répondre en leurs noms des sommes qui doivent estre consignées, & sera le present Arrest signifié aux Syndics de la Communauté desdits Avocats & à leur diligence, lû & publié en leur assemblée, & registré és Registres de ladite Communauté. Fait au Conseil d'Etat du Roy, Sa Majesté y étant, tenu à Saint Germain en Laye, le vingt-deuxiéme jour d'Avril mil six cens soixante & treize. Signé, COLBERT. *22 Avril 1673.*

ARRREST DU CONSEIL,

QUI déclare l'Amende de cent livres, portée par autre Arrest dudit Conseil du 22 Avril 1673, encouruë contre le Sieur du Mazy, Avocat audit Conseil, pour avoir signé & fait signifier une Requeste en cassation d'Arrest sans consignation d'amende; & ordonne qu'il sera contraint par corps au payement de ladite Amende.

Du 12 Aoust 1673.

LE ROY ayant esté informé, qu'au mépris de l'Arrest rendu par Sa Majesté, étant en son Conseil, le 22 Avril 1673, portant défenses aux Avocats dudit Conseil de signer aucune Requeste tendante à cassation des Arrests & Jugemens, tant du Conseil, que des Cours en dernier ressort, que les Amendes portées par son Reglement du 3 Janvier dernier, n'ayent été actuellement consignées *12 Aoust 1673.*

12 Avril 1673. entre les mains du Fermier general des Domaines de France, ou de celui par lui préposé, dont ils seront tenus d'attacher les Quittances avec lesdites Requestes, à peine de cent livres d'amende pour chacune contravention, & de répondre en leurs noms des sommes qui doivent estre consignées; & encore au mépris de sondit Reglement, par les Articles duquel 61. 66. 76. 77. & 78. il est fait défenses auxdits Avocats du Conseil d'introduire aucunes Instances en cassation d'Arrest rendu par l'une des Cours, que la Requeste n'ait esté signifiée au Procureur general, quand c'est en matiere criminelle, & dans le temps des six mois du jour de la signification de l'Arrest, d'introduire aucune instance de la competence des Cours, pour estre jugée au fond & estre retenuë audit Conseil, si ce n'est par un ordre exprés de Sa Majesté, à peine d'interdiction contre lesdits Avocats qui auront signé la Requeste, & de tous dépens, dommages & interests desdites Parties; Maistre Simon du Mazy, l'un des Avocats au Conseil, auroit signé & fait signifier une Requeste le 29 Juillet dernier, presentée au Conseil par Jacques Mariette prisonnier en la Conciergerie, à fin de cassation d'un Arrest contradictoire rendu le 3 Juillet 1671, en la Chambre de la Tournelle criminelle du Parlement de Paris, sur l'appel *à minimâ* interjetté par le Procureur General audit Parlement, par lequel Arrest ledit Mariette a été condamné à faire amende honorable, & au bannissement pour crime de banqueroute frauduleuse & vol domestique, ce qui a été executé dès le 18 dudit mois de Juillet 1671, sans avoir ledit du Mazy préalablement fait consigner l'amende de quatre cens cinquante livres portée par ledit Reglement, sans avoir fait signifier & dénoncer ladite Requeste audit Procureur General, & sans s'estre pourvû dans les six mois du jour de la signification dudit Arrest; en quoi ledit du Mazy a contrevenu non seulement audit Reglement & Arrest, & a fait tomber sa partie avec lui dans une contravention formelle aux 62. & 78. articles dudit Reglement; mais encore il a conclu par sadite Requeste, à la retention au Conseil du fond des Instances criminelles jugées par ledit Arrest, & accumulant entreprise sur entreprise, il a fait signer sadite Requeste par les nommez Mussan & Pierrot, dont le premier a été supprimé par ledit Reglement, avec défenses portées par l'article 85 de plus exercer ni faire aucune fonction d'Avocat au Conseil, à peine de faux, de trois cens livres d'amende, des dommages & interests des Parties; & le second est interdit par Arrest du Conseil, publié en la Communauté des Avocats audit Conseil:

A

A quoi Sa Majesté desirant pourvoir. Vû ledit Reglement dudit jour 3 Janvier 1673, ledit Arrest du Conseil du 22 Avril audit an, avec la signification d'iceluy faite aux Syndics de la Communauté desdits Avocats par Desjobars Huissier du Conseil, le deux May 1673. Copie de ladite Requeste signée du Mazy, signifiée aux Sieurs de Maridat Conseiller au Grand Conseil, Daguesseau Sieur de Pizieux, & du May Secretaire de Sa Majesté, Créanciers & Syndics, directeurs des autres Créanciers dudit Mariette, par Boiscourjon Huissier en la Grande Chancellerie, le 29 Juillet dernier; le certificat du Commis du Fermier General du Domaine, à la Recette des Consignations des Amendes du Conseil, contenant, que ledit Mariette n'a fait aucune consignation en ses mains, en datte du 4 Aoust present mois. Ouy le Rapport du Sieur Pussort, Conseiller ordinaire de Sa Majesté en ses Conseils, & en son Conseil Royal des Finances, Commissaire à ce député; & tout consideré. LE ROY EN SON CONSEIL, a déclaré & déclare l'Amende de cent livres, portée par ledit Arrest du 22 Avril 1673, encourue contre ledit du Mazy, pour avoir signé & fait signifier ladite Requeste sans consignation de l'Amende portée par ledit Reglement; & ordonné qu'au payement de ladite somme il sera contraint par toutes voyes, même par corps à ses frais & dépens. Fait au Conseil d'Etat du Roy, tenu à Paris le douzième jour d'Aoust mil six cens soixante & treize. Signé, RANCHIN. *12 Aoust 1673*

ARREST DU CONSEIL

POUR LE RECOUVREMENT DES AMENDES adjugées és Conseils de Sa Majesté.

POTTANT qu'il sera déposé des Registres és Greffes du Conseil des Finances, & du Conseil Privé, sur lesquels les Avocats au Conseil seront tenus de cotter les veritables noms, qualités & domiciles de leurs Parties, &c.

Du 12 Mars 1683.

LE ROY étant informé, que plusieurs Arrests de son Conseil, portant condamnation d'Amendes, sont demeurez sans *12 Mars 1683.*

12. *Mars* 1683. execution à l'égard du payement d'icelles, dont l'on n'a pû faire le Recouvrement, par le defaut de connoissance du domicile des Parties condamnées, lequel ne se trouvant pas marqué dans lesdits Arrests, ni dans les Extraits des Amendes adjugées, délivrés par les Secretaires & Greffiers de son Conseil, au Fermier general de ses Domaines, l'on n'a sçû où s'addresser pour le payement desdites Amendes: Ce qui est contre l'intention de Sa Majesté, qui n'entend pas qu'aucun des temeraires Plaideurs, soit exempt du payement desdites Amendes; mais au contraire qu'ils y soient contraints par toutes voyes, à la poursuite dudit Fermier general des Domaines. A quoi voulant pourvoir: SA MAJESTÉ ESTANT EN SON CONSEIL, a ordonné & ordonne qu'il sera tenu deux Registres, l'un au Greffe du Conseil des Finances, l'autre en celuy du Conseil Privé, lesquels seront remis à la fin de chaque Quartier, par les Secretaires & Greffiers qui en sortiront, és mains de leurs Confreres qui entreront au Quartier suivant, & ainsi de Quartier en Quartier successivement; esquels Greffes, lesdits Registres demeureront déposez, & sur lesquels les Avocats au Conseil seront tenus de cotter & signer les veritables noms, qualités & Domiciles de leurs Parties, tant des Demandeurs que des défendeurs, és Instances où il sera question de cassation d'Arrests, Evocations, Recusations, Inscriptions de faux, secondes Requestes, au lieu des Requestes refusées & Appellations; lesquels Domiciles, lesdits Secretaires & Greffiers seront pareillement tenus de specifier, suivant qu'ils auront eté désignez par lesdits Avocats, dans les Extraits des Amendes adjugées à Sa Majesté, qu'ils sont obligez de délivrer audit Fermier du Domaine, afin qu'il en puisse faire le Recouvrement, ainsi qu'il verra bon estre. Enjoint Sa Majesté, ausdits Secretaires, Greffiers & Avocats, de s'y conformer, chacun en droit soy, à peine d'en répondre. Et sera le present Arrest lû en la Communauté des Avocats, & Registré au Greffe du Conseil. Fait au Conseil d'Etat du Roy, Sa Majesté y étant, tenu à Compiegne, le douziéme jour de Mars mil six cens quatre-vingt trois. Signé, COLBERT.

ARREST DU CONSEIL,

Pour le Recouvrement des Amendes du Conseil.

QUI Ordonne qu'és Arrests dans lesquels les sommes que les condamnés aux Amendes seront tenus de payer, ne seront pas exprimées; les Redevables seront contraints au payement desdites Amendes, sur le pied de ce qui est porté par l'Ordonnance, &c.

Du 7 Aoust 1684.

VEU par le Roy étant en son Conseil, l'Arrest rendu en icelui le 12 Mars 1683, par lequel pour faciliter le Recouvrement des Amendes adjugées és Conseils de Sa Majesté, il est ordonné qu'il sera déposé des Registres és Greffes de ses Conseils, sur lesquels les Avocats au Conseil seront tenus de cotter les veritables noms, qualités & domiciles de leurs Parties, tant des Demandeurs que des Défendeurs és Instances où il sera question de Cassation d'Arrests, d'Evocations, Recusations, Inscriptions de faux, secondes Requestes au lieu des Requestes refusées, & Appellations. Et Sa Majesté étant informée que ledit Arrest a eu peu d'effet jusqu'à present, tant parce que les Avocats n'ont pas eu tout le soin qui leur étoit prescrit, que parce que les sommes que les condamnés aux Amendes ont dû payer pour icelles, n'ont pas été exprimées dans les Dispositifs des Arrests; ce qui fait que le Commis du Fermier du Domaine n'a sçû quelles sommes demander: A quoi étant necessaire de pourvoir, autant que le bien de son service le peut requerir. Ouy le Rapport du Sieur le Pelletier, Conseiller ordinaire du Roy en tous ses Conseils, & au Conseil Royal, Controlleur General des Finances; Et tout consideré, SA MAJESTÉ ESTANT EN SON CONSEIL, a Ordonné & ordonne, que l'Arrest du Conseil dudit jour 12 Mars 1683 sera executé selon sa forme & teneur: Et ce faisant, ordonne qu'és Arrests du Conseil dans lesquels les sommes que les condamnés aux Amendes seront tenus de payer, ne seront pas exprimées, les Redevables seront

7 Aoust 1684.

7 Aoust 1684. contraints au payement desdites Amendes, sur le pied de ce qui est porté par l'Ordonnance; Sçavoir, les Demandeurs en cassation d'Arrests contradictoires, Trois cens livres envers Sa Majesté, & Cent cinquante livres envers la Partie; Les Demandeurs en cassation d'Arrests par défaut, Cent cinquante livres envers Sa Majesté, & Soixante-quinze livres envers la Partie; Les Tiers Opposans, Deux cens livres envers Sa Majesté, & Cent livres envers la Partie; Les Evoquans, Cent cinquante livres envers Sa Majesté, & Cent cinquante livres envers la Partie; Les Recusans, Cent livres envers Sa Majesté, & Cent livres envers la Partie; Les Appellans, Douze livres pour l'Amende ordinaire, ou Soixante-quinze livres, quand ils n'auront pas fourni des Moyens d'Appel; les Demandeurs en faux, en Cent livres; Et les Demandeurs en seconde Requeste, aprés la premiere refusée pour le même fait, Trois cens livres, moitié contre les Demandeurs, & moitié contre les Avocats. Et sera le present Arrest lû en la Communauté des Avocats du Conseil. FAIT au Conseil d'Estat du Roy, Sa Majesté y étant, tenu à Versailles le septiéme jour d'Aoust mil six cens quatre-vingt-quatre. *Signé*, COLBERT.

EXTRAIT DU REGLEMENT.

Du 17 Juin 1687.

CONCERNANT la Procedure du Conseil.

TITRE III. Des Evocations.

ARTICLE XXXIV.

17 Juin 1687. L'EVOQUANT qui succombera, sera condamné en Trois cens livres d'amende envers le Roy, & en Cent cinquante livres envers la Partie.

TITRE V. Des Requestes en cassation d'Arrests.

ARTICLE XLIV.

LE Demandeur en cassation d'Arrest Contradictoire du Conseil, ou des Cours & Juges en dernier Ressort, qui succombera, sera condamné en Trois cens livres d'amende envers le Roy, & Cent cinquante livres envers la Partie ; & si l'Arrest ou Jugement en dernier Ressort, dont la cassation est demandée, est par défaut ou par forclusion, le Demandeur qui succombera sera condamné seulement à Cent cinquante livres envers le Roy, & Soixante & quinze livres envers la Partie. 17 Juin 1687.

TITRE XI. Des Appellations des Procedures, & Taxes des dépens.

ARTICLE CX.

NUL ne sera aussi reçu à faire signifier un Acte d'Appel des Appointemens & Procedures, s'il n'a consigné l'amende de Douze livres ; & à cet effet sera la Quittance de consignation d'amende, attachée & signifiée avec l'Acte d'Appel. Défenses sont faites aux Huissiers d'en signifier aucun, sans Quittance de consignation, dont sera donné copie à l'Avocat de l'Intimé, à peine de Vingt livres d'amende contre l'Huissier qui aura signifié l'Acte, sans laisser copie de la Quittance.

ARTICLE CXI.

TOUT Appellant qui succombera, de quelque maniere que la prononciation de l'Arrest soit conçuë, sera condamné en l'amende de Soixante-quinze livres, ou du moins à celle de Douze livres, au cas que pour de bonnes considerations, les Sieurs Maitres des Requestes jugent qu'il y ait lieu de la moderer ; & en cas de désistement de l'Appel, l'Amende consignée demeurera acquise au profit de Sa Majesté.

ARTICLE CXIV.

APRES la huitaine expirée, si l'Appellant n'a croisé, il sera déchû de l'Appel, & condamné en soixante & quinze livres d'amende, qui ne pourra estre remise ni moderée, sans que l'Arrest qui l'aura ordonné puisse estre retracté par opposition, ni pour quelque cause & prétexte que ce soit.

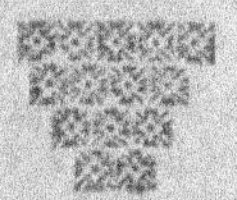

DECLARATION DU ROY,

CONCERNANT le Privilege de Sa Majesté, sur les Meubles & Effets des Condamnés aux Amendes.

Du 16 Aoust 1707.

16 Aoust 1707. LOUIS, par la Grace de Dieu, Roy de France & de Navarre: A tous ceux qui ces presentes Lettres verront, Salut, &c. A CES CAUSES & autres, à ce Nous mouvans, & de notre certaine science, pleine puissance & autorité Royale, Nous avons en interpretant en tant que de besoin seroit notredite Declaration du 13 Juillet 1700, dit, declaré & ordonné, disons, declarons & ordonnons par ces Presentes signées de notre main, voulons & nous plait que conformément audit Arrest de notre Conseil du 4 Aoust 1705, & ce suivant notre Declaration du 21 Mars 1671, les amendes de toute matiere tant civile que criminelle, à Nous appartenant, soient payées és mains du Receveur des Amendes ou du Fermier d'icelles, sur les biens-meubles, fruits, revenus, & autres effets mobiliaires des Condamnés aux amendes, tant par les Fermiers conventionnels & judiciaires, Commissaires des Saisies réelles, Receveurs des consignations, Payeurs des gages d'Officiers, que tous autres débiteurs desdits Condamnés; lesquels y seront contraints comme dépositaires, & ce par préference & privilege à tous créanciers, à la reserve des Proprietaires des maisons pour les loyers, d'un Marchand qui revendiqueroit sa Marchandise, dont il n'auroit pas été payé, & qui se trouveroit encore en nature sous balle & sous corde; comme aussi des gages des domestiques pour la derniere année, & de ce qui peut estre dû aux Boulangers pour les six derniers mois, & nonobstant toutes saisies & Arrests, oppositions, appellations & autres empéchemens quelconques, aprés un commandement fait ausdits Condamnés, en parlant à leurs personnes ou à leurs domiciles, sans que lesdits Receveurs & Fermiers, Commissaires aux saisies réelles & autres débiteurs, soient obligés de le faire dire & ordonner avec les créanciers, parties saisies, saisissans & opposans. Et à l'égard des biens immeubles des Condamnés esdites amendes, lesdits Receveurs & Fermiers n'y auront hypoteque pour le recouvrement desdites amendes que du jour du Jugement de condamnation, conformément à notredite Declaration du 13 Juillet 1700. Voulons en outre que notredite Declaration du premier Aoust 1658, portant attribution à la Chambre du Domaine à Paris, des contestations qui pourront survenir pour le recouvrement des amendes adjugées par notre Cour du Parlement de Paris, soit commune pour les amendes adjugées par nos autres Cours & Jurisdictions de ladite Ville, & en nos Conseils d'Estat & Privé, dont nous attribuons la connoissance à ladite Chambre du Domaine, & par appel à notredite Cour de Parlement. En consequence faisons défenses aux Redevables desdites amendes & aux Fermiers d'icelles, de se pourvoir pour ce qui concerne le recouvrement desdites amendes ailleurs, & à toutes nos autres Cours & Juges, de prendre connoissance des contestations concernant le recouvrement desdites amendes, sous prétexte de distraction de Ressort different, domiciles & autres choses quelconques, laquelle Nous leur interdisons. Si donnons en mandement à nos amés & feaux Conseillers, les Gens tenant nos Cours de Parlement, Chambre de nos Comptes & Cour des Aydes à Paris, que ces Presentes ils ayent à faire lire, publier & registrer même en temps de vacations, & le contenu en icelles garder & observer selon sa forme & teneur, nonobstant tous Edits, Declarations, Arrests, & autres choses à ce contraires, ausquelles nous avons dérogé & dérogeons par ces Presentes, aux copies desquelles collationnées par l'un de nos amés & feaux Conseillers-Secretaires, voulons que foy soit ajoûtée comme à l'original: Car tel est notre plaisir. En témoin de quoy nous avons fait mettre notre Scel à cesdites Presentes. Donné à Versailles le seiziéme jour d'Aoust, l'an de grace mil sept cens sept, & de notre Regne le soisoixante-cinquiéme. *Signé*, LOUIS. *Et plus bas*, Par le Roy, PHELYPEAUX. Vû au Conseil, CHAMILLART. Et scellé du grand Sceau de cire jaune.

16 *Aoust* 1707.

Registrée, à Paris en Parlement en Vacations, le quatre Octobre 1707. Signé, DU TILLET.

REGLEMENT DU CONSEIL.

Touchant les Requestes en cassation d'Arrests.

Du 3 Fevrier 1714.

3 Fevrier 1714. SUR ce qui a esté representé au Roy estant en son Conseil, que nonobstant l'exactitude & la severité que l'on apporte à l'admission des Requestes, & au Jugement des Instances en cassation d'Arrests, elles se multiplient tous les jours, & deviennent si frequentes par l'opiniâtreté des Plaideurs, & par la facilité des Avocats qu'ils consultent, & sur l'Avis desquels ils s'engagent à presenter des Requestes destituées de tous moyens & de fondement; que s'il n'y étoit pourvû, nonobstant l'autorité des choses jugées, il n'y auroit point d'Arrests ni de Jugement en dernier Ressort, quelque juste qu'il pût estre, qui pût établir solidement le repos de celui qui l'auroit obtenu, & le mettre à couvert d'un nouveau Procès: Et étant necessaire d'y pourvoir, Sa Majesté s'étant fait representer les Reglemens cy-devant faits touchant les Requestes en cassation d'Arrests, & particulierement ceux des mois de Janvier 1673, & Juin 1687, a ordonné & ordonne:

ARTICLE PREMIER.

QU'IL ne sera reçû aucune demande en cassation d'Arrests, tant du Conseil que des Cours, & des Jugemens en dernier Ressort, si la Requeste qui en contiendra la demande n'est, non seulement presentée & remise entre les mains de l'un des Maistres des Requestes, mais même rapportée au Conseil dans les six mois, à compter à l'égard des majeurs, du jour de la signification qui leur aura esté faite des Arrests & Jugemens à personne ou domicile: Et pour les mineurs, du jour de la signification faite à leurs personnes ou domiciles, depuis leur majorité: Et à l'égard des Ecclesiastiques, Hôpitaux, Communautés & autres dont il est fait mention dans l'Article XXXIX. du Reglement du mois de Juin 1687, qui se pourvoiront en cassation d'Arrests, ou de Jugemens en dernier Ressort; ils seront tenus de presenter & faire rapporter leurs Requestes au Conseil, dans l'année qui leur est accordée par ledit Reglement: Et pour faciliter l'expedition desdites Requestes en cassation, Monsieur

sieur le Chancelier donnera la parole à ceux des Maistres des Requestes qui en seront chargés, toutes les fois qu'ils la demanderont. 3 Février 1724.

II.

Lors que la Requeste en cassation aura esté admise au Conseil; le Demandeur sera tenu de faire signifier l'Arrest d'introduction, & de donner sur icelui assignation aux Parties dans deux mois, du jour que la Requeste aura esté introduite.

III.

Il ne sera accordé aucun relief de laps de temps, faute d'avoir presenté & fait rapporter les Requestes en cassation dans les termes prescrits par le present Reglement, que par Arrest déliberé en plein Conseil.

IV.

Les Requestes en cassation ne pourront estre presentées, si elles ne sont signées de deux anciens Avocats du Conseil, du nombre des Syndics en charge & des trente premiers, avec celui qui aura dressé la Requeste; & à cet effet, le Tableau du nom des Avocats du Conseil, signé du Greffier de leur Communauté & renouvellé tous les ans, sera mis au Greffe du Conseil & en celui des Requestes de l'Hostel.

V.

Les deux anciens Avocats qui signeront la Requeste en cassation, seront tenus de se faire representer les preuves des faits décisifs qui y seront exposés; pour estre en état de rendre compte de leur avis au Conseil, toutesfois & quantes qu'ils y seront mandez à cet effet.

VI.

Ceux qui se pourvoiront au Conseil en cassation des Arrests & Jugemens contradictoires, tant du Conseil que des Cours & Juges en dernier ressort, soit qu'ils soient préparatoires ou définitifs; seront tenus en presentant leurs Requestes à fin de cassation, de consigner la somme de cent cinquante livres; & si les Arrests & Jugemens en dernier ressort, sont par défaut ou congé; sera seulement consigné la somme de soixante-quinze livres; & sera tenu le Demandeur en cassation, de joindre à la Requeste qu'il presentera à l'un des Maistres des Requestes, la quittance desdites amendes de 150 livres ou 75 livres, qui seront remises au Receveur des amendes du Conseil, ou à ses Commis ou préposez, sans droits ni frais: & en cas que la Requeste soit rejettée, & qu'il y soit mis néant par

3 Fevrier 1714. Arrest ; le Demandeur en cassation sera condamné par le même Arrest, à ladite somme de cent cinquante livres, ou soixante quinze livres par lui consignée, qui demeurera acquise à Sa Majesté.

VII.

Si la Requeste en cassation est admise, sera tenu le Demandeur, avant que de faire assigner la Partie, de consigner pareille somme de cent cinquante livres, faisant avec la premiere par lui consignée en presentant la Requeste, la somme de trois cens livres pour l'amende envers Sa Majesté ; & cent cinquante livres pour celle envers la Partie, en cas que les Arrests & Jugemens dont il demandera la cassation, soient contradictoires ; & moitié seulement desdites sommes, en cas que lesdits Arrests ou Jugemens en dernier ressort, soient par défaut ou congé ; lesquelles sommes seront reçûës par le Receveur des amendes du Conseil ou ses Commis & préposez, qui s'en chargeront comme dépositaires sans droits ni frais, & sans qu'ils puissent les employer en recette, qu'elles n'ayent été définitivement adjugées ; pour estre après le jugement de l'Instance en cassation, renduës & délivrées aussi sans frais à qui il appartiendra ; & ne pourront lesdites amendes estre remises que par déliberation prise en plein Conseil.

VIII.

Les Reglemens du Conseil touchant les cassations d'Arrests, notamment ceux des mois de Janvier 1673, & Juin 1687. seront au surplus executés selon leur forme & teneur ; & le present Reglement sera ponctuellement observé, à commencer au premier jour du mois d'Avril prochain. Fait au Conseil d'Etat du Roy, Sa Majesté y étant, tenu à Versailles le troisiéme Fevrier mil sept cens quatorze. *Signé*, Phelypeaux.

Lû & publié, le Conseil d'Estat Privé du Roy tenant, de l'Ordonnance de Monseigneur Phelypeaux, Comte de Pontchartrain, Chevalier, Chancelier de France, Commandeur des Ordres de Sa Majesté, & Registré ès Registres dudit Conseil, par moy soussigné, Conseiller du Roy en ses Conseils, Secretaire de Sa Majesté, Secretaire & Greffier ordinaire dudit Conseil, au Chasteau de Versailles, le cinq de Fevrier mil sept cens quatorze.

NOMS ET DEMEURES

DE MESSIEURS

LES AVOCATS AUX CONSEILS DU ROY, Suivant leur Reception.

MESSIEURS,

DEMONTZ, *Doyen*, rue des Prouvaires, devant la rue des deux Ecus.
Pasquier, rue du Foin.
Guyenet, rue du Temple, près la rue des Gravilliers.
De Sacy, rue Beaubourg.
Bronod, rue Beaubourg.
Preaudeau, rue d'Enfer S. Landry, près le Pont de bois.
Labalme, rue des petits Champs.
Perrin, rue des deux Ecus, près la rue du Four.
Chantereau, rue Coqheron.
Belime, rue de Condé, quartier S. Germain des Prés.
Du Portault, rue Christine.
Lenoir, rue des vieux Augustins.
Gridé, rue Hautefeüille, près la rue Poupée.
Couet, rue de Savoye.
Georges, rue Simon-le-franc.
Bouchaud, rue S. Germain de Lauxerrois, près la rue des Lavandieres.
Castaing, rue du Cémetiere Saint André des Arts.
Henry, rue des Ménétriers, du côté de la rue S. Martin.
Maillard, rue de Beaujolois, au Marais du Temple.
De la Vigne, rue des Blancs Manteaux.
Boullanger, rue des Rosiers, devant la rue des Ecouffes.
Aubry, Cloitre Saint Merry.

Regnault, rue de Clery.
Castel, rue des Prouvaires, près Saint Eustache.
Guisain d'Orsigny, rue Michel-le-Comte, près la rue Beaubourg.
Pazery, rue des vieux Augustins, près l'Hôtel de Bourbon.
Clavyer, rue du Plâtre, près la rue des Anglois.
Bazin, rue de la Coutellerie.
Baizé, rue Thibotodée.
Fillocque, rue Regratiere, Isle Notre-Dame.
Chalopin, rue du Jardinet, près la rue du Battoir.
Godefroy, rue du Cémetiere Saint André des Arts.
De Court, rue Beaubourg, près le cul-de-sac.
Segonzac, rue des Prouvaires.
Leroy, rue de la Tisserandrie, près la rue des Coquilles.
Yeard, rue Vildo.
Couet de Montbayeux, Cloître Notre-Dame.
Sigault, rue Saint Jean de Beauvais, devant le College.
Gobbé, rue Bailleul, Hôtel d'Aligre, Enclos du Grand Conseil.
Dumesnil, rue S. André des Arts, près la rue des grands Augustins.
De Chaunac, Quay de la Megisserie, près le Pont-Neuf.
De Rollée, rue Beaubourg, près le petit cul-de-sac.
De Largentiere, rue de la Feuillade, près la Place des Victoires.
De Rouvroy, rue Perpignant.
Mol, rue du Haut-Pavé, près la Place Maubert.
Goteret, rue Pavée, au coin de la rue de Savoye.
Bourgeot, rue du Foin.
Malherbe, rue & près la Porte Montmartre.
Valluet, rue Gist-le cœur, près la rue Saint André des Arts.
Durand, Hôtel des Ursins.
Corneau, rue Saint Marc, près la rue de Richelieu.
Richard, rue du Four, près la rue Saint Honoré.
Drouyn, rue Hyacinthe, près le Fauxbourg Saint Jacques.
Bidart, rue Pavée, près la rue de Savoye.
Stornat, rue Hautefeuille.
Mars, ancienne Cour du Palais, près la Tresorerie.
Pinault, rue Pierre-au-lard, près Saint Merry.
Lepaige, *Syndic*, rue Sainte Croix de la Bretonnerie, près la rue de l'Homme-armé.
Leroux, rue Montmartre, audessus de l'Hôtel de Charost.
Evrard, Quay des Augustins, près la rue Pavée.
Bonnaud, rue Thibotodée.

Rey, *Syndic*, rue Verdret, près la rue de la Truanderie.
Bourcier, cul-de-sac Saint Thomas du Louvre.
Adam, rue de la Verrerie, près la rue du Renard.
Poictevin, rue de Toulouse, près la Place des Victoires.
De la Briere, *Syndic*, rue Bourlabbé, près la rue du Heuleu.
Desbois, rue S. Thomas, à la Prevôté de S. Nicolas du Louvre.
De Puismartin, *Syndic*, Cloitre S. Benoît, près la rue des Maturins.
Regnard, Cloître Saint Benoist.
Moreau, *Greffier*, rue du Cémetiere S. André des Arts.
Romieu, rue des Gravilliers.
Bronod le jeune, rue Beaubourg.
Mignot, rue Saint Marc, près la Porte Montmartre.
Doussot, rue du Jour, près S. Eustache.
Lenfant, rue de Guénégaud.
Cornet, rue des Arcis, près la rue des Lombards.
Dumortier du Rocher, rue Perdue, près la Place Maubert.
Peler, au Palais Abbatial de S. Germain des Prez.
Robinot, rue Aumer, devant la rue Transnonain.
Touraille, Cloître Saint Honoré.
Moussier, rue des Fossés S. Germain de l'Auxerrois.
Armand, Cloître Notre-Dame.
Robin, rue du Cocq Saint Jean en Gréve.
Pasquier le jeune, rue Saint Germain l'Auxerrois, près la rue Thibotedée.
Busnel, rue Beaubourg, devant la rue Geoffroy-Langevin.
Andoul de Saint Julien, rue de la Jussienne, près la rue Montmartre.
Delamet, rue Férou, près la rue de Vaugirard.
Prevost, rue des Poulies.
De Beaulieu, rue des Grands Augustins, près la rue Christine.
Rouillard, rue des Fossés S. Germain Lauxerrois.
Proa, rue Simon-le-franc.
De la Coursiere, rue des Maturins, au coin de la rue des Maçons.
Tartel, rue de Clery.
Puy de Rony, rue des vieux Augustins.
De Vandenesse, rue & devant le petit Saint Antoine.
Bougy, rue Saint Honoré, près la rue neuve du Roule.
Figné, rue du Mail.
De Cagny, aux Galleries du Louvre, devant l'Eglise S. Nicolas.
Gonthier, rue Beaubourg, près le grand cul-de-sac.

Lemoyne d'Ectot, rue Sainte Avoye, près la rue S. Merry.
Boullay, rue des Barres, près l'Hôtel de Charny.
Beuezet, rue Bertinpoirée, près la rue S. Germain.
Labalme le jeune, rue du Bouloir.
Marre, rue du Jardinet, près la rue de l'Eperon.
Belime, rue de Condé, Quartier Saint Germain des Prés.
Esteve, rue Françoise, près l'Hôtel de Bourgogne.
Rabon, Place & attenant le College Mazarin.
Gerard, rue de la Bucherie, près la rue du Fouarre.
De la Mustiere, rue Saint Honoré, près les Jacobins.
Gabriel, rue du Bout-du-monde.
Durande de Marcilly, rue Thibotodée, près Saint Germain l'Auxerrois.
Guisain le jeune, rue Michel-le-Comte, près la rue Beaubourg.
Hussenot, rue de l'Arbresec, près la Croix du Tiroir.
Gallois, rue Percée, près la rue Hautefeüille.
Bonnet, rue Montmartre, près la rue de la Jussienne.
Vidal, rue Saint André des Arts, près la rue Pavée.
Lheritier du Manet, rue Courteau-Vilain.
Miard, rue du Plâtre, près la rue Saint Jacques.
Dubois, rue des Prouvaires, Près S. Eustache.
Jumelin, rue de la vieille Monnoye.
Belpel, rue de Bourbon, Fauxbourg Saint Germain.
Mayaux, rue du Cémetiere S. André des Arts.
Lagau, Cloître Notre-Dame, près la rue des Marmouzets.
Dumont, rue de Clery.
Deprinne, rue Quinquempoix.
Berger, rue Royale, Place Royale.
De la Borde, rue de la Licorne, près la Madeleine.
Gautier, rue & près l'Orme S. Gervais.
Lancesseur, rue de Condé, près la rue du petit Lion.
Bousquet, rue du Temple, près la rue des Gravilliers.
Nigon, dans l'Enclos de Saint Germain l'Auxerrois.
Respingès Duponty, rue Simon-le-Franc.
Gobbé de Maisondalle, Cloître S. Germain l'Auxerrois.
Thorel, Cour du Palais, près la Chambre des Comptes.
Delarue, rue Hautefeüille, près la rue Percée.
Perrin le jeune, rue des deux Ecus.
Couet de Montsur, Cloître Notre-Dame.
Degerondelle, rue du Cémetiere S. André des Arts.

Graviere, rue Bourtibourg, près le Cimetiere S. Jean.
Faverel, rue Pierre-au-lard, près S. Merry.
Romieu le jeune, Place de Louis le Grand, à la Chancellerie.
Manet, rue Bailleul, derriere le Grand Conseil.
Carrier, rue des petits Champs, près la Place des Victoires.
Chouet de Saint-Aubin, rue Guillaume, Isle Notre-Dame.
Brullart, rue du Monceau S. Gervais, vis-à-vis le Passage Saint Jean.
Charlet, rue des Tournelles, près la Place Royale.
Royer, rue de la Bucherie.
Molagne, rue de Savoye.
Croville, rue des Rosiers, devant la rue des Ecousses.
Sebire des Saudrais, au second Pavillon du College des Quatre Nations.
Deslandes de Lancelot, rue de la Harpe, devant la rue Percée.
Sonnois, rue du Martrois, devant S. Jean en Gréve.
De Chambort, rue Verdrei, près la rue de la Truanderie.
Dufour, rue aux Ours, près la rue S. Martin.
Doublet, rue des Poitevins.
Foucher de la Fesliere, rue du Cimetiere S. André des Arts.
Baizé le jeune, rue Thibotodée.
Dumage, rue des Poulies.
Le Vasseur, rue Truanderie.
Faroard, rue de la Verrerie, près la rue du Cocq.
Thuillier, rue neuve S. Roch, près la rue du gros Chenet.
De la Clef, rue des vieux Augustins, près la rue de Soli.

M. Dubrecq, Clerc de la Compagnie de Messieurs les Avocats aux Conseils, à l'Estrapade, près & du côté de la rue des Postes.

HUISSIERS ORDINAIRES des Conseils d'Etat & Privé du Roy.

DENYS, *Doyen*, rue du Monceau Saint Gervais.
Macé, vieille rue du Temple, près la rue S. Antoine.
Jary, rue Saint Germain, près le Fort-l'Evêque.
De la Ruelle, rue de la vielle Monnoye, près la rue des Lombards.
Hanel, rue Sainte Apoline, près la Porte S. Martin.
De Seignerolle, rue des Lavandieres, près la Place Maubert.
Devaux, rue Mauconseil.
Germain, rue des Saints-Peres, près la rue de Grenelle.
De Brie, rue Baillette, près la rue de l'Arbresec.
Brisset, rue de Grenelle, près la rue Saint Honoré.

Leur Bureau est rue de l'Arbresec, près la rue Baillette.

www.ingramcontent.com/pod-product-compliance
Ingram Content Group UK Ltd.
Pitfield, Milton Keynes, MK11 3LW, UK
UKHW020949180726
13838UKWH00003B/1211